REALSCHULE

Abschluss-Prüfungsaufgaben mit Lösungen

Kunsterziehung

Bayern
2000–2006

ISBN-13: 978-3-89449-341-7
ISBN-10: 3-89449-341-0

© 1980 by Stark Verlagsgesellschaft mbH & Co. KG
D-85318 Freising · Postfach 1852 · Tel. (0 81 61) 1790
7. neu bearbeitete Auflage 2006

Inhalt

Hinweise VI
Stichwortverzeichnis VII
Glossar IX

Der theoretische Teil der Abschlussprüfung

Hinweise zur Bearbeitung der Aufgaben 1
1. Kunstgeschichte 1
   Übungsaufgabe 1: Kunstgeschichte 3
2. Kunstbetrachtung 5
   Übungsaufgabe 2: Bildschreibung 7
   Übungsaufgabe 3: Bilderschließung 11
   Übungsaufgabe 4: Bilderschließung mittels Kompositionsskizze 13
   Übungsaufgabe 5: Bildvergleich 17
3. Kunst und Kommunikation 18
   Übungsaufgabe 6: Kunst und Kommunikation (AIDA-Formel) 21
   Übungsaufgabe 7: Kunst und Kommunikation (Bedeutung des Motivs) ... 22
4. Exemplarische Kunstbetrachtungen 23
Lösungen zu den Übungsaufgaben 30

Der praktische Teil der Abschlussprüfung

Hinweise zur Bearbeitung der Aufgaben 35
1. Beispiel für eine Aufgabenstellung „Zeichnen" 36
2. Beispiel für eine Aufgabenstellung „Malen" 37
3. Beispiel für eine Aufgabenstellung „Drucken" 38
4. Weitere exemplarische Aufgabenstellungen 39

Wiederholungsaufgaben

1. Architektur der Romanik und Gotik 41
2. Architektur und Malerei der Renaissance 42
3. Architektur und Malerei des Barock 43
4. Architektur des Klassizismus 44
5. Malerei der Romantik 45
6. Malerei des Realismus 45
7. Malerei des Impressionismus und Postimpressionismus 46
8. Malerei des Expressionismus 47
9. Malerei des Kubismus 48
10. Malerei des Surrealismus 49
Lösungen zu den Wiederholungsaufgaben 50

Fortsetzung nächste Seite

Farbtafeln zu den Kunstbetrachtungen

- Albrecht Dürer, „Selbstbildnis im Pelzrock" B1
- Albrecht Dürer, „Selbstbildnis mit Landschaft B2
- IKEA-Werbung B3
- Leonardo da Vinci, „Madonna mit der Nelke" B4
- Bartolomé Estéban Murillo, „Buben beim Würfelspiel" B5
- Pierre-Auguste Renoir, „Das Frühstück der Ruderer" B6
- Camille Pissarro, „Boulevard des Capucines/Montmartre" B7
- Ernst Ludwig Kirchner, „Zirkusreiterin" B8

Abschlussprüfungen

Abschlussprüfung 2000

Aufgabengruppe A: Malerei der Renaissance – Bildvergleich: Cranach/Picasso ... 2000-1
Aufgabengruppe B: Malerei des Impressionismus
    Bildvergleich: Impressionismus (Seurat)/aktuelles Foto 2000-6
Aufgabengruppe C: Malerei des Kubismus – Bildvergleich: Romantik (Koch)/
    Expressionismus (Kirchner) 2000-11

Abschlussprüfung 2001

Aufgabengruppe A: Malerei der Renaissance – Bildvergleich: Renaissance (Dürer)/
    Expressionismus (Braque) 2001-1
Aufgabengruppe B: Malerei des Barock – Bildvergleich: Realismus (Menzel)/
    aktuelles Foto 2001-9
Aufgabengruppe C: Malerei des Expressionismus
    Bildvergleich: van Gogh/aktuelles Foto 2001-15

Abschlussprüfung 2002

Aufgabengruppe A: Malerei der Romantik
    Bildvergleich: Munch/aktuelles Zeitungsfoto 2002-1
Aufgabengruppe B: Architektur des Barock – Bildvergleich: Klassizismus (David)/
    Comic (aktuelles Titelblatt) 2002-7
Aufgabengruppe C: Malerei des Kubismus
    Bildvergleich: Barock (Claesz)/Kubismus (Braque) 2002-17

Abschlussprüfung 2003

Aufgabengruppe A: Expressionismus/Impressionismus – Bildvergleich:
    Impressionismus (Monet)/aktuelle Fotografie 2003-1
Aufgabengruppe B: Wegbereiter der Moderne (van Gogh/Cézanne) – Bildvergleich:
    Impressionismus (Nolde)/historische Ansichtskarte 2003-8
Aufgabengruppe C: Malerei des Barock – Bildvergleich: Cézanne/Picasso 2003-16

Abschlussprüfung 2004

Aufgabengruppe A: Malerei des Impressionismus
    Bildvergleich: Wegbereiter der Moderne (van Gogh)/
    Nationalsozialismus (Martin-Amorbach) 2004-1
Aufgabengruppe B: Wegbereiter des Realismus– Bildvergleich: Expressionismus
    (Jawlensky)/aktuelle Modefotografie 2004-8
Aufgabengruppe C: Architektur des Klassizismus– Bildvergleich: Realismus
    (Corot)/Expressionismus (Schmidt-Rottluff) 2004-13

Abschlussprüfung 2005

Aufgabengruppe A: Malerei der Renaissance – Bildvergleich: Malerei der
Renaissance (Raffael)/Pressefoto aus einem Krisengebiet 2005-1
Aufgabengruppe B: Malerei der Romantik – Bildvergleich Romantik (Friedrich)/
Expressionismus (Schmidt-Rottluff)/Christo 2005-7
Aufgabengruppe C: Malerei des Expressionismus
Bildvergleich Chagall/Picasso 2005-12

Abschlussprüfung 2006

Aufgabengruppe A: Architektur des Barock
Bildvergleich: Barock (Goya)/Fotorealismus (Colville) 2006-1
Aufgabengruppe B: Malerei des Realismus/Impressionismus/
der Wegbereiter der Moderne
Bildvergleich Impressionismus (Degas)/CD-Cover. 2006-10
Aufgabengruppe C: Malerei des Kubismus – Bildvergleich Expressionismus
(Schmidt-Rottluff/Gris)/ Kubismus 2006-16

Farbtafeln zu den Abschlussprüfungen 2002 bis 2006

– Edvard Munch, „Das kranke Kind" . . . . F 2002-2
– Jacques Louis David, „Bonaparte überquert den Großen St. Bernhard" . . . . F 2002-11
– Pieter Claesz, „Stillleben mit Glaskugel" . . . . F 2002-18
– Georges Braque, „Stillleben mit Krug und Violine" . . . . F 2002-19
– Claude Monet, „Die Kathedrale von Rouen im lichten Nebel" . . . . F 2003-2
– Claude Monet, „Die Kathedrale von Rouen bei vollem Sonnenlicht" . . . . F 2003-2
– Paul Cézanne, „Die großen Badenden" . . . . F 2003-17
– Pablo Picasso, „Les Demoiselles d'Avignon" . . . . F 2003-18
– Vincent van Gogh, „Sämann bei untergehender Sonne" . . . . F 2004-2
– Oskar Martin-Amorbach, „Der Sämann" . . . . F 2004-3
– Alexej von Jawlensky, „Die Spanierin" . . . . F 2004-9
– Jean-Baptiste Camille Corot, „Sinnendes Mädchen" . . . . F 2004-15
– Karl Schmidt-Rottluff, „Bildnis Rosa Schapire" . . . . F 2004-16
– Raffael (Raffaello Santi), „Madonna Tempi" . . . . F 2005-2
– Karl Schmidt-Rottluff, „Pommersche Moorlandschaft" . . . . F 2005-8
– Caspar David Friedrich, „Der einsame Baum" . . . . F 2005-9
– Marc Chagall, „Spaziergang" . . . . F 2005-13
– Pablo Picasso, „Das karge Mahl" . . . . F 2005-14
– Balthasar Neumann, Wallfahrtskirche Vierzehnheiligen . . . . F 2006-3
– Francisco de Goya, „Don Manuel Osorio Manrique de Zuñiga" . . . . F 2006-4
– Alex Colville, „Seilspringendes Kind" . . . . F 2006-5
– Edgar Degas, „Café-Sängerin mit Handschuh" . . . . F 2006-11
– Karl Schmidt-Rottluff, „Zwischen Sanseverie und Krug" . . . . F 2006-17
– Meret Oppenheim, „Pelztasse" . . . . F 2006-17
– Daniel Spoerri, „Kichkas Frühstück" . . . . F 2006-17
– Roy Lichtenstein, „Crystal Bowl" . . . . F 2006-18

Autoren

Jens Knaudt, Trainingsteil und Jahrgänge 2004–2006
Falk-Bodo Bätje, Jahrgänge 2001–2003
Heike Rongstock, Jahrgang 2000

Hinweise

Das vorliegende Buch will bei der Vorbereitung auf die Abschlussprüfung im Fach Kunst-erziehung gezielt Hilfestellung leisten:
Der erste Teil des Buches befasst sich mit dem **theoretischen Teil** der Abschlussprüfung: Er nennt mögliche Themenkreise der Kunstgeschichte, vermittelt systematische Vorgehenswei-sen bei der Kunstbetrachtung und Basiswissen zum Themenfeld Kunst und Kommunikation. Übungsaufgaben zu jedem Bereich helfen beim Verfestigen des Prüfungswissens. Zusätzlich werden die bekanntesten Bildgattungen vorgestellt. Exemplarische Bildbeschreibungen mit passenden Farbtafeln helfen beim Erarbeiten eigener Lösungen.
Der zweite Teil des Buches beinhaltet die Grundlagen des **praktischen Teils**: Er stellt Aufga-benbeispiele in den Bereichen Zeichnen, Malen und Drucken vor und nennt sinnvolle Arbeitsschritte, die bei der Lösung der praktischen Prüfungsaufgaben helfen.
Der Hauptteil des Buches enthält die **zentral gestellten Aufgaben** aus den theoretischen Ab-schlussprüfungen von 2000 bis 2006 mit schülergerechten **Lösungen**, ab dem Jahrgang 2006 ergänzt um viele hilfreiche ✐ **Tipps und Hinweise** vor der jeweiligen Lösung. Die Lösungen sind Anregungen, die je nach Unterrichtsschwerpunkt erweitert oder gekürzt werden können.
Ein paar Abbildungen konnten wir leider aus Kostengründen nicht abdrucken. Stattdessen haben wir aber geeignete Internet-Links angegeben.

Aufbau des Faches

Das Fach Kunsterziehung gliedert sich in einen **theoretischen** und einen **praktischen** Teil. Während die bildnerische Praxis die verschiedensten praktischen Gestaltungsmöglichkeiten wie Malen, Zeichnen und Drucken umfasst, gliedert sich der theoretische Teil des Faches in drei für die Prüfung relevante Teilbereiche: Kunstbetrachtung, Kunstgeschichte, Kunst und Kommunikation:

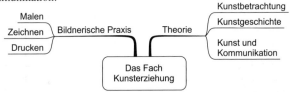

Aufbau der Abschlussprüfung

2005 wird die Abschlussprüfung in folgender Form abgehalten werden:

	Bildnerische Praxis	**Theoretischer Teil**
Arbeitszeit	240 Minuten	90 Minuten
Aufgabenbereiche	– Collagieren – oder Malen – oder Drucken – oder Zeichnen /Skizzieren	– Kunstgeschichte – Kunstbetrachtung – Kunst und Kommunikation
	Vom Fachlehrer gestellt	Zentral gestellt

Jens Knaudt

Stichwortverzeichnis

Die Seitenzahlen ohne Jahresangabe beziehen sich auf die Bildbeschreibungen Seite 1–54.

Kunstgeschichte

Barock 2001-12; 2003-19; 2006-6, 2006-7
Expressionismus 2001-18; 2003-4; 2005-
15; 2006-21
Fotorealismus 2006-7
Impressionismus 2000-9; 2003-5; 2004-4;
2006-14, 2006-15

Klassizismus 2002-14
Kubismus 2000-13; 2002-20; 2003-13;
2006-19, 2006-21
Realismus 2004-11; 2006-14
Renaissance 2000-4; 2001-3; 2005-4
Romantik 2002-3; 2005-9

Kunstbetrachtung

Borromini, Francesco
– „San Carlo alle Quattro Fontane in Rom"
2006-2, 2006-6
Braque, Georges
– „La Calanque – Temps gris" 2001-3;
2001-7
– „Stillleben mit Krug und Violine" 2002-
19; 2002-23

Cézanne, Paul
– allgemein 2003-11; 2006-14, 2006-19
– „Die großen Badenden" 2003-17; 2003-
22
Chagall, Marc
– „Spaziergang" 2005-13; 2005-16
Christo
– „Valley curtain" 2005-9; 2005-11
Claesz, Pieter
– „Stillleben mit Glaskugel" 2002-18;
2002-22
Colville, Alex
– „Seilspringendes Kind" 2006-5, 2006-8
Corot, Camille
„Sinnendes Mädchen" 2004-15; 2004-18
Cranach, Lucas
– „Bildnis einer Dame" 2000-2; 2000-5

David, Jacques Louis
– „Bonaparte überquert den großen St.
Bernhard" 2002-11; 2002-14
Degas, Edgar
– „Café-Sängerin mit Handschuh" 2006-
11, 2006-14

Dürer, Albrecht
– „Arco" 2001-2; 2001-6
– „Die Mutter des Künstlers" 17, 33
– „Selbstbildnis im Pelzrock" 3, 7, 10, 15,
30
– „Selbstbildnis mit Landschaft" 11, 13,
31, 32

Friedrich, Caspar David
– „Der einsame Baum" 2005-9; 2005-11

Gauguin, Paul
– allgemein 2005-15
Gogh, Vincent van
– allgemein 2003-10; 2005-15
– „Kornfelder mit Krähen" 2001-16; 2001-
21
– „Sämann bei untergehender Sonne"
2004-2; 2004-5
Goya y Lucientes, Francisco de
– „Don Manuel Osorio Manrique de Zuñiga"
2006-4, 2006-7
Gris, Juan
– allgemein 2006-19
– „Der Kaffeesack" 2006-18, 2006-21

Jawlensky, Alexey von
– „Die Spanierin" 2004-9; 2004-12

Lange, Fred
– „Alte Frau" 17, 33
Lichtenstein, Roy
– „Crystal Bowl" 2006-18, 2006-22

Kirchner, Ernst Ludwig
– „Davos im Schnee" 2000-11; 2000-14
– „Zirkusreiterin" 28
Koch, Joseph Anton
– „Der Schmadribachfall" 2000-12;
2000-14

Martin-Amorbach, Oskar
– „Der Sämann" 2004-3; 2004-6
Menzel, Adolph von
– „Wohnzimmer mit Schwester des
Künstlers" 2001-10; 2001-13
Monet, Claude
– „Die Kathedrale von Rouen"
(2 Versionen) 2003-2; 2003-6
Munch, Edvard
– „Das kranke Kind" 2002-2; 2002-5
– „Der Schrei" 26
Murillo, Bartolomé Estéban
– „Buben beim Würfelspiel" 24

Neumann, Johann Balthasar
– „Wallfahrtskirche Vierzehnheiligen"
2006-3, 2006-7
– „Würzburger Residenz" 2002-9;
2002-14
Nolde, Emil
– „Die Nordermühle" 2003-9; 2003-13

Oppenheim, Meret
– „Pelztasse" 2006-17, 2006-22

Penther, Johann Friedrich
– „Idealarchitektur einer Schlossanlage"
2002-8; 2002-13

Picasso, Pablo
– allgemein 2006-19
– „Das karge Mahl" 2005-14; 2005-16
– „Les Demoiselles d'Avignon" 2003-18;
2003-22
– „Weibliche Halbfigur nach Lucas
Cranach" 2000-3; 2003-5
Pissarro, Camille
– „Boulevard des Capucines/Montmatre"
27

Raffael
– „Madonna Tempi" 2005-2; 2005-5
Renoir, Pierre-Auguste
– „Das Frühstück der Ruderer" 25

Schmidt-Rottluff, Karl
– „Bildnis Rosa Schapire" 2004-16; 2004-
18
– „Gang nach Emmaus" 29
– „Pommersche Moorlandschaft" 2005-8;
2005-11
– „Zwischen Sanseverie und Krug" 2006-
17, 2006-21
Seurat, Georges
– „Ein Sonntagnachmittag auf der Insel
Grande Jatte" 2000-7; 2000-10
Spoerri, Daniel
– „Kichkas Frühstück" 2006-17, 2006-22

Vinci, Leonardo da
– „Madonna mit der Nelke" 23

Warhol, Andy
– „100 Campbell's Soup Cans" 2006-18,
2006-22

Architektur

Barock 2002-13; 2006-6
Klassizismus 2004-17

Glossar

Fachbegriffe

alla prima: Maltechnik, bei der die Farben ohne eine Vorzeichnung und spätere Übermalung aufgetragen werden.

ausmittig: außerhalb der geometrischen Bildmitte (horizontal und vertikal)

Bedeutungsperspektive: Gegenstände, die dem Künstler inhaltlich wichtig erscheinen, werden größer dargestellt.

Eigenfarbe, auch Lokalfarbe: Bezeichnet den Farbton, den ein Gegenstand tatsächlich besitzt.

Erscheinungsfarbe: Gibt nur den optischen Eindruck einer Farbe wieder. Der Gegenstand kann durch Lichtreflexe in anderen Farben schillern.

Genre: Art, Gattung (frz.)

Genremalerei: Gattung der Malerei, die Alltagssituationen darstellt.

komplementäre Farben: Sind Kontrastfarben, die sich gegenseitig in ihrer Leuchtkraft steigern (Rot/Grün; Gelb/Violett; Blau/Orange).

lasierend: Maltechnik, bei der die Farbe in stark verdünnten durchscheinenden Schichten aufgetragen wird.

Lokalfarben: Lokalfarbe nennt man die Eigenfarbe, die ein Gegenstand tatsächlich besitzt.

pastos: Maltechnik, bei der Farben stark deckend und zum Teil mit plastischer Wirkung aufgetragen werden.

Perspektive: Räumliche Darstellung eines Gegenstandes oder einer Person mit bildnerischen Mitteln (Überschneidung, Parallelperspektive, Zentralperspektive)

reine Farbe: Farbe, die nicht mit anderen Farben bzw. Weiß oder Schwarz gemischt ist.

Spektralfarben: Farben des Regenbogens: Violettblau, Cyanblau, Grün, Gelb, Orangerot

Bildgattungen

Abstrakte Malerei: Gegenstandslose Bildkompositionen, die kaum Assoziationen mit der Wirklichkeit im abbildenden Sinn zulassen. Farben und Formen erhalten eine eigene Autonomie und bildimmanente (dem Bild innewohnende) Logik.

Akt: Darstellung des nackten menschlichen Körpers.

Allegorie: Bildliche Wiedergabe eines abstrakten Begriffs häufig in Form einer Person, z. B. Tod als Sensenmann.

Altarbild: Altaraufsatz in glattem oder Zierrahmenwerk mit christlichen Motiven oder Szenen.

Andachtsbild: Bildwerke, die der stillen, persönlichen Andacht dienen und biblische Themen zeigen. Häufig in sog. Stundenbüchern (Mittelalter) gebunden.

Architekturbild (Vedutenmalerei): sehr naturgetreue Darstellungen von Einzelansichten oder ganzen Städten.

Assemblage (frz.: Zusammenfügung): Alltägliche Dinge werden in meist unveränderter zu einem reliefartig bis vollplastischen Objekt zusammengesetzt.

Collage: Klebebild, das aus verschiedenen Materialien zusammengesetzt werden kann.

Comic: Bildergeschichten, die Bilder und Sprechblasentexte verbinden.

Environment (engl.: Umgebung): künstlerische Gestaltung von Räumen, die den Betrachter einbeziehen und so zum begehbaren Kunstobjekt werden.

Genremalerei: Darstellung des alltäglichen Lebens.

Historienbild: Darstellung historischer Ereignisse (z. B. Schlachten) oder mythologischer Themen.

Interieur (franz.: Inneres): Darstellung von Innenräumen oder Szenen, die im Innenraum stattfinden.

Mythos: Handeln und Leben der (meist antiken oder nordischen) Götter.

Porträt: Darstellung einer Person. Man kennt Einzel-, Selbst-, Doppel- und Gruppenporträts. Die Darstellung lässt sich einteilen in Kopf-, Brust-, Knie- oder Ganzporträt im Profil, Dreiviertelansicht oder Frontalansicht.

Stillleben: Darstellung dekorativ angeordneter lebloser Gegenstände. Besonderheit das Vanitasstillleben (vanitas lat: Leere, Nichtigkeit): Die Bildgegenstände haben symbolhafte Bedeutung (vor allem im Barock).

Der theoretische Teil der Abschlussprüfung

Hinweise zur Bearbeitung der Aufgaben

Die Aufgabenstellungen im theoretischen Teil der Abschlussprüfung beinhalten verschiedene Arten von Fragen, die von dir unterschiedliche Formen der Beantwortung erfordern. Im Folgenden werden die wichtigsten Frageformen vorgestellt:

Die Antwort sollte **in ganzen Sätzen** erfolgen, wenn die Frage mit einem der folgenden Verben eingeleitet ist:
– „Berichten Sie über ..."/„Geben Sie eine Übersicht über ..." (siehe 2003 C I.4)
– „Beschreiben Sie ..." /„Schildern Sie ..." (siehe Übungsaufgabe 2, S. 7)
– „Charakterisieren Sie ..." (siehe 2003 B I.1)
– „Erläutern Sie ..."/„Erklären Sie ..." (siehe 2002 A I.3)
– „Weisen Sie nach ..."(siehe Übungsaufgabe 1, S. 3)
– „Zeigen Sie auf ..." (siehe 2003 B II.1)

Dagegen genügt bei folgenden Verben eine Beantwortung als **reine Aufzählung**:
– „Nennen Sie ..."/„Zählen Sie auf ..." (siehe 2002 A I.2)

Wenn ein Vergleich („Vergleichen Sie ...", siehe 2002 A II.3) oder eine Gegenüberstellung („Stellen Sie gegenüber ...) gefordert ist, kann unter Umständen eine Beantwortung in **Tabellenform** sinnvoll sein.

Inwiefern andere Formen der Bearbeitung wie **Cluster** oder **Mind Map** genutzt werden dürfen, muss vor der Prüfung mit dem entsprechenden Lehrer geklärt werden.

In den Übungsaufgaben wird exemplarisch auf mögliche Beantwortungsmuster hingewiesen.

1 Kunstgeschichte

Der Aufgabenbereich Kunstgeschichte beinhaltet vor allem Kenntnisse über die verschiedenen Stilrichtungen und Epochen. Die Fragestellungen gehen oft auf sehr unterschiedliche Aspekte ein. Eine Untergliederung der Aufgabenstellung erfolgt meist in Fragen nach:
– den gesellschaftlichen und geistigen Hintergründen, die zur Entstehung eines Kunststiles führten,
– bedeutenden Künstlern als Vertretern einer Stilrichtung,
– Vorbildern, an denen sich die Künstler orientierten,
– der Weiterentwicklung eines Kunststiles,
– typischen Gestaltungsmerkmalen des Kunststiles wie Malweise, Farbgebung, Licht, Komposition und Raumdarstellung,
– einem Vergleich von Stilrichtungen,
– den wichtigsten Bildgattungen.

Zusätzlich werden immer wieder Kenntnisse über verschiedene bildnerische Bereiche wie Architektur, Malerei und grafische Techniken gefordert. Bei allen genannten Aufgabentypen kann zur Veranschaulichung die Erstellung einer Kompositionsskizze verlangt werden.

1.1 Übersicht zu prüfungsrelevanten Stilrichtungen

Folgende Stilrichtungen können als prüfungsrelevant bezeichnet werden:

Jahrgangsstufe	R4/ R6	Epoche/ Stilrichtung	Schwerpunkt	Anmerkungen
8	R4+ R6	Renaissance	sakrale und profane Architektur, Malerei	
8	R4+ R6	Barock/Rokoko	sakrale und profane Architektur, Malerei Gesamtkunstwerk	
9	R4+ R6	Klassizismus	Architektur in München und Berlin	Einblicke in weitere Beispiele im In- und Ausland
9	R4+ R6	Romantik	Malerei in Deutschland	Einblicke in die französische und englische Malerei
9	R4+ R6	Realismus	Malerei in Deutschland und Frankreich	
9	R4+ R6	Impressionismus/ Pointilismus	Malerei	
10	R4+ R6	Expressionismus	Malerei; Grafik Künstlervereinigungen	Einblicke: Kunst des Nationalsozialismus
10	R4+ R6	Kubismus	Malerei; Grafik	
10	R4+ R6	Surrealismus	Malerei	
10	R4+ R6	moderne Strömungen		Einblicke: abstrakter Expressionismus, Land-Art, Pop-Art

1.2 Aufgabenbeispiel Kunstgeschichte mit Übungsaufgabe

Die Aufgaben im Bereich Kunstgeschichte beziehen sich im Wesentlichen auf besondere Merkmale der einzelnen Stilrichtungen und deren Vertreter (vgl. Übungsaufgabe 1: Kunstgeschichte).

Die Arbeitsaufträge können allgemein formuliert sein:
– „Ordnen Sie den Impressionismus zeitlich ein und zeigen Sie bevorzugte Themenbereiche impressionistischer Maler auf."
– „Charakterisieren Sie die impressionistische Malerei in Bezug auf Maltechnik und Komposition."

Sie können sich aber auch auf ein konkretes Bild beziehen:
– „Ihnen liegt die Abbildung ‚Winter in Louveciennes' von Alfred Sisley vor. Erläutern Sie anhand des Bildes typische Gestaltungsmerkmale impressionistischer Malerei."
– „Ihnen liegt eine Abbildung eines expressionistischen Gemäldes vor. Zeigen Sie anhand der Abbildung wesentliche Neuerungen dieser Stilrichtung im Gegensatz zum Impressionismus auf."

Übungsaufgabe 1: Kunstgeschichte

Ihnen liegt die Abbildung „Selbstbildnis im Pelzrock" von Albrecht Dürer vor
(Farbtafel B1). Ordnen Sie das Bild zeitgeschichtlich ein und weisen Sie typische
Merkmale dieser Stilrichtung im Bild nach.

Tragen Sie hier Ihre Antworten ein:

Zeitgeschichtliche Zuordnung:

_____

_____

_____

_____

__/1 P.

	Gestaltungskriterien	typische Gestaltungsmerkmale im Bild
1	Malweise	
2	Farbgebung	
3	Licht	
4	Komposition	
5	Raumdarstellung	

__/12 P.

4

2 Kunstbetrachtung

Der Aufgabenbereich Kunstbetrachtung umfasst folgende Aspekte:

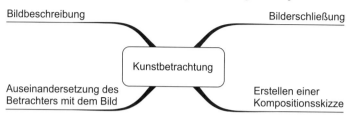

Bildbeschreibung

Bilderschließung

Kunstbetrachtung

Auseinandersetzung des
Betrachters mit dem Bild

Erstellen einer
Kompositionsskizze

2.1 Bildbeschreibung mit Übungsaufgabe

Merke:

1 Gib in sinnvoller Reihenfolge das wieder, was auf dem Bild zu sehen ist.
2 Interpretiere nichts in das Bild hinein! Dazu gibt es eigene Fragestellungen.
3 Bringe Einzelelemente, die dir auffallen, immer in Zusammenhang mit dem ganzen Bild.
4 Nenne wichtige Details, erwähne aber nicht jede Einzelheit.
5 Verwende knappe und sachliche Formulierungen und benutze Fachbegriffe richtig.

Jede Bildbeschreibung folgt einem Grundgerüst, das auf das jeweilige Bild angepasst werden muss. Bei manchen Aspekten lassen sich Parallelen zum textgebundenen Aufsatz im Fach Deutsch ziehen:

	Kriterien	Inhalt	Anmerkungen	Parallelen zum Fach Deutsch
1	Titel des Bildes		ist angegeben	vgl. Einleitung: Titel des Textes
2	Name des Künstlers	Vor- und Zuname; evtl. Pseudonym	ist angegeben	vgl. Einleitung: Verfasser
3	Entstehungszeit	Stilrichtung; evtl. Jahreszahl oder Jahrhundert	Danach wird evtl. schon im Bereich Kunstgeschichte gefragt.	vgl. Einleitung: Erscheinungs- daten (Ort, Zeit)
4	Technik	Ölgemälde, Aquarell, Zeichnung, Radierung etc.	ist angegeben	
5	Bildgattung	Porträt, Stillleben, Landschaft etc.		vgl. Hauptteil: Textsorten- kennzeichnen
6	Platz des Betrachters	Befindet sich der Betrachter auf glei- cher Höhe mit dem Dargestellten?		

Die **Beschreibung des Bildinhalts** stellt den Kern dieser Aufgabenstellung dar. Diese Aufgabenform ist meist als Volltext in ganzen Sätzen zu bearbeiten. Sie ist vergleichbar mit der Inhaltszusammenfassung beim textgebundenen Aufsatz.

Dieser Bereich lässt sich am besten anhand gezielter Leitfragen bearbeiten:

Folgende **Leitfragen zur Bildbeschreibung** sind dabei wichtig:
- Wer oder was ist im Vordergrund dargestellt?
- Was ist im Mittelgrund dargestellt?
- Was befindet sich im Hintergrund?
- Wer oder was ist der Bildkern?
- Wie sind die einzelnen Bildgegenstände dargestellt?
- Sind Dinge/Personen angeschnitten?
- Werden Details hervorgehoben?

Die Reihenfolge der Beschreibung kann je nach Wichtigkeit der Bildelemente unterschiedlich sein: Vom Vordergrund über den Mittelgrund zum Hintergrund oder umgekehrt, von links nach rechts oder umgekehrt. Es besteht ebenfalls die Möglichkeit, von zentralen Personen oder Gegenständen auszugehen.

Übungsaufgabe 2: Bildbeschreibung

Beschreiben Sie in wenigen Sätzen den
Bildinhalt des vorgegebenen Bildes:
„Selbstbildnis im Pelzrock" von Albrecht
Dürer, 1500, Öl auf Holz, 67 x 49 cm,
Alte Pinakothek, Bayerische Staats-
gemäldesammlungen, München.

Tragen Sie hier Ihre Antwort ein:

_____

_____

_____

_____

_____

_____

_____

_____

_____

_____

_____

_____

_____

_____

_____

_____

_____

_____

2.2 Bilderschließung mit Übungsaufgaben

Ähnlich wie die Texterschließung des textgebundenen Aufsatzes untersucht die Bilderschließung verschiedene Aspekte des vorgegebenen Bildes. Wie der Bildbeschreibung, so lässt sich auch der Bilderschließung ein Grundgerüst zuordnen.

	Kriterien	Inhalt
1	Farbgebung und Malweise	– Farbauftrag (lasierend, lavierend, deckend, ...) – Handschrift des Künstlers – Funktion von Farbe (Lokalfarbe, Erscheinungsfarbe, Ausdrucksfarbe)
2	Stofflichkeit	– Oberflächenbeschaffenheit/Textur: glatt, brüchig rissig, kantig, ... – Struktur/innerer Aufbau der Gegenstände
3	Raumdarstellung	– Fluchtpunktperspektive (Zentralperspektive) – Luftperspektive, Farbperspektive – Bedeutungsperspektive – Größenunterschied – Überschneidungen – hell/dunkel
4	Plastizität	Erzeugung von Körperlichkeit im Raum durch Farbmodellierung und -modulation, Formstriche, Schraffuren und Licht- und Schattenwirkung
5	Licht	– Wo ist die Lichtquelle? – Was wird beleuchtet? – Wie wird beleuchtet? (Gegenlicht, indirekt, ...)
6	Kontraste	– hell/dunkel – Farbkontraste (warm/kalt; Komplementärkontrast, ...) – eckige/runde Formen – große/kleine Formen

Häufig wird nur nach einigen der genannten Kriterien gefragt (vgl. Übungsaufgabe 3):

Merke:
Bei der Bilderschließung ist es wichtig, **genau auf die Aufgabenstellung zu achten**, weil oft nur einzelne Teilbereiche bearbeitet werden sollen.

Der Aspekt **Bildaufbau/Komposition** muss bei der Bilderschließung besonders hervorgehoben werden. Dieser Bereich wird oft mit einer zeichnerischen Aufgabe – einer Kompositionsskizze – verbunden.

> **Merke:**
> Die Beschreibung des Bildaufbaus bezieht sich auf konkret ablesbare Sachverhalte. Sie ist keine Interpretation. Sie setzt das vordergründige Motiv in Zusammenhang zu tatsächlich vorhandenen bildnerischen Elementen.

Bei der Beschreibung der Komposition sind folgende Aspekte wichtig:
- Verteilung und Lage der Bildelemente (Ballung, Streuung oder Reihung) über das gesamte Bildformat
- Rhythmus, Symmetrie, Gewichtung in einzelnen Teilen
- Berücksichtigung von Bewegung und Tonwerten

Eine besondere Bedeutung kommt dabei der Kompositionsskizze zu. Sie steht in Ergänzung zur schriftlichen Beschreibung. Bei der Beantwortung sollte daher nur das schriftlich ausgeführt werden, was nicht oder nur schwer aus der Skizze ablesbar ist. Hier gilt es, die Aufgaben gründlich zu lesen und zu prüfen, ob auch tatsächlich ein schriftlicher Teil verlangt ist (siehe 2003 C II.3, Seite 2003-16).

> **Merke:**
> Die Kompositionsskizze soll nur markante Linien und Flächen enthalten, die den Bildaufbau verdeutlichen. Sie soll keine Kopie des Originals sein.

In den Aufgaben zum Bildaufbau heißt es oft: Fertigen Sie zum vorgegebenen Bild eine Kompositionsskizze an. Meist ist dann eine reine Linienzeichnung verlangt, aus der man den gedachten Bildaufbau ablesen kann. Hier ist es manchmal hilfreich, wenn man Linien, die geometrische Körper abgrenzen oder parallel liegen, **farbig** unterscheidet, um zu verhindern, dass die Zeichnung unübersichtlich wird.

Wichtig ist, dass sich das Augenmerk wirklich nur auf Linien und Formen beschränkt, die mit dem Bildaufbau in Zusammenhang stehen.

Grundregeln für die Erstellung einer Kompositionsskizze:

1

Zeichne einen Rahmen, der
den Proportionen des Originals
entspricht!

2

Teile das Bildformat geometrisch
– also jeweils durch die Seiten-
halbierende – und/oder ziehe die
Diagonalen!
Diese Teilung gibt ersten Auf-
schluss über die Verteilung der
Bildelemente und die Symmetrie
des Bildes.
Übertrage die geometrische
Teilung in die Skizze.

3

Suche nach weiteren gedachten
Linien oder geometrischen Grund-
formen (Kreis, Dreieck, Quadrat,
Rechteck, …), die entweder den
Blick des Betrachters durch das
Bild führen oder die Bildfläche
aufteilen.
Übertrage sie in die Skizze.

10

Übungsaufgabe 3: Bilderschließung

Betrachten Sie die vorliegende Abbildung „Das Selbstbildnis mit Landschaft" von Albrecht Dürer (Farbtafel B2) aufmerksam. Erschließen Sie das Bild hinsichtlich der angegebenen Aspekte in Form einer Tabelle.

„Selbstbildnis mit Landschaft", Albrecht Dürer (1498)

11

Tragen Sie hier Ihre Antworten ein:

	Kriterien	Inhalt
1	Farbgebung und Malweise	
2	Stofflichkeit	
3	Raumdarstellung	
4	Plastizität	
5	Licht	

_____/15 P.

Übungsaufgabe 4:
Bilderschließung mittels Kompositionsskizze

Betrachten Sie die vorliegende Abbildung „Das Selbstbildnis mit Landschaft" von Albrecht Dürer aufmerksam.
Fertigen Sie eine genaue Kompositionsskizze an, aus der der Bildaufbau ablesbar ist.

Tragen Sie hier Ihre Lösung ein:

___/10 P.

13

2.3 Auseinandersetzung des Betrachters mit dem Bild

Dieser Teil schließt die Kunstbetrachtung ab. Wie der Schlussteil des textgebundenen Aufsatzes soll er die vorher gewonnenen Erkenntnisse abrunden, zusammenfassen. Hier können auch Interpretationen einfließen, sofern sie nachvollziehbar sind.

Merke:
1 Reihe die Aussagen nicht nur aneinander, sondern begründe sie.
2 Wiederhole keine Aussagen aus den anderen Teilen.
3 Beziehe eigene Interpretationen immer auf das Bild.
4 Greife für die verstandesmäßige Auseinandersetzung Erkenntnisse aus der Bilderschließung auf.
5 Antworte hier immer in ganzen Sätzen.

2.4 Bildvergleich

Es gibt verschiedene Möglichkeiten, an einen Bildvergleich heranzugehen. Die folgende stichpunktartige Auflistung stellt vier geläufige Formen dar, wobei sich die einzelnen Möglichkeiten durchaus auch inhaltlich überschneiden können:
– Bildzitat (ein Kunstwerk dient einem anderen eindeutig als Vorbild und wird in Teilen oder ganz nachempfunden bzw. kopiert): z. B. 2000-A-II
– Vergleich unterschiedlicher Kunstformen: z. B. Malerei/Fotografie (2000-B-II), Malerei/Comic (2002-B-II), Malerei/Land-Art (2005-A-II)
– Vergleich des gleichen Themas, aber aus unterschiedlichen kunstgeschichtlichen Strömungen z. B. Renaissance/Expressionismus (2001-A-II), Romantik/Expressionismus (2000-C-II), Impressionismus/Kubismus (2003-C-II)
– Vergleich des gleichen Themas, aber mit gegensätzlicher Bildaussage: z. B. 2005-A-II

Besonders häufig wird der Vergleich einer Malerei mit einer Fotografie (z. B. als Werbefotografie, Pressefotografie, Modefotografie) in den Prüfungsaufgaben verlangt.
Dabei gelten grundsätzlich für die Analyse von Fotografien sowie für den Bildvergleich insgesamt die gleichen Regeln (vgl. 2.1–2.3) wie für die *Bildbeschreibung, Bilderschließung* und die *Auseinandersetzung des Betrachters* bei einer Malerei oder Grafik. Das ist also nichts völlig Neues.

Merke:
1 Achte beim Bildvergleich auf die genaue Aufgabenstellung.
2 Vergleiche nur tatsächlich ablesbare Sachverhalte, erfinde nichts hinzu.

Meist werden beim Bildvergleich gezielte Aufgaben gestellt:
- „Vergleichen Sie ... hinsichtlich des Bildaufbaus."
- „Vergleichen Sie ... hinsichtlich Malweise, Form und Farbgebung."
- „Vergleichen Sie ... die unterschiedliche Wirkung auf den Betrachter."

Es kann aber auch eine relativ allgemeine Aufgabenstellung sein:
- „Vergleichen Sie ... hinsichtlich ihrer Gemeinsamkeiten und Unterschiede."

Merke:

Wird eine allgemeine Aufgabe beim Vergleich gestellt, ist es wichtig, die vorliegenden Bilder genau auf die folgenden Aspekte hin zu untersuchen:
1 Thema/Motiv
2 Technik
3 Bildaufbau/Komposition (evtl. mit Kompositionsskizze)
4 Form, Farbgebung, Licht/Schatten
5 Bildwirkung

Bei einem Bildvergleich ist es nahe liegend, die Aufgabe in Form einer tabellarischen und stichpunktartigen Gegenüberstellung zu beantworten. Du kannst aber auch einen zusammenhängenden Text als Antwort schreiben, dann musst du aber sie in ganzen Sätzen formulieren (vgl. Hinweise zur Bearbeitung, S. 1).
Die folgende Beispielaufgabe soll die genannten Aspekte noch einmal verdeutlichen.

Aufgabe:

Ihnen liegen Dürers „Selbstbildnis mit Pelzrock" aus dem Jahr 1500 und die Abbildung eines CD-Covers von Rod Stewart aus dem Jahr 1995 vor. Vergleichen Sie beide Porträts hinsichtlich ihrer Gemeinsamkeiten und Unterschiede.

Dieser Bildvergleich ist zwei Möglichkeiten des Vergleichs zuzuordnen:
- dem Bildzitat und
- dem Vergleich Malerei/Fotografie.

Betrachtet man die beiden Bilder, so erkennt man schnell, dass das CD-Cover das Dürer-Selbstporträt zitiert.
Drei Bereiche fallen auf, die sich für einen Vergleich anbieten:
- Bildaufbau
- Motiv
- Bildaussage bzw. Bildwirkung

Albrecht Dürer:
Selbstbildnis im Pelzrock
(1500), Öl auf Holz

Rod Stewart: A Spanner in the Works
(CD-Cover)
© Warner Bros, Records Inc.

Bildaufbau:

Auffällig ist, dass beide Darstellungen die Schrift als gestaltendes, gliederndes Element mit in die Komposition einbeziehen. Jeweils links vom Kopf steht der Name – bei Dürer als Signum verkürzt, rechts steht der Titel bzw. eine Erläuterung des Bildwerks.

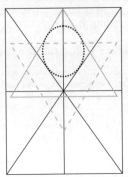 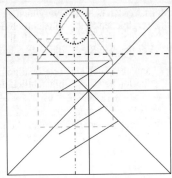

Während bei Dürer die Schrift eine Linie mit den Augen bildet, liegt sie bei Rod Stewart auf einer Höhe mit den Ellbogen.

Gleich ist auch die Dreieckskomposition: Bei Dürer durch die Haare vorgegeben, bei Rod Stewart wird das Dreieck durch die Verbindung zwischen Ellbogen und Kopf gebildet.

Obwohl sich die beiden Darstellungen im Aufbau ähneln, weisen sie aber auch Unterschiede auf. Hier sticht sofort ins Auge, dass bei Dürer das Porträt den größten Teil der Bildfläche einnimmt, während beim CD-Cover die Darstellung Rod Stewarts zwar eine zentrale, aber doch relativ kleine Fläche ausfüllt (etwa die Hälfte der Abbildung).

Motiv / Bildaussage:

Hinsichtlich des Motivs bzw. der Bildaussage zeigen sich ebenfalls deutliche Ähnlichkeiten, die erkennen lassen, dass Dürers Selbstbildnis Vorbild für die Gestaltung des CD-Covers war. Beide Darstellungen zeigen die Männer als zentralen Bildgegenstand. Bei beiden ist der umgebende Raum nicht weiter definiert. Bei Dürer grenzt sich die Figur hell vom fast schwarzen Hintergrund ab, bei Rod Stewart ist es genau umgekehrt. Beide Männer tragen eine Oberbekleidung mit Pelzkragen und weisen eine ähnliche Körperhaltung auf (z. B. jeweils mit rechter Hand vor dem Körper).

Auch die Wirkung auf den Betrachter ist vergleichbar. Beide Männer werden selbstbewusst dargestellt, wirken durch die Handhaltung und den starren, aber offenen Blick auch unnahbar.

Bei Dürer ist die Bildaussage recht eindeutig. Er zeigt sich als selbstbewusster Künstler, der sich nicht scheut, sich im Stile einer Christusdarstellung zu porträtieren. Die Darstellung auf dem CD-Cover weist dagegen aber einige Gegensätze auf. Auf der einen Seite zeigt sich auch Rod Stewart selbstbewusst, er thront auf einem barocken Ohrensessel und trägt pompöse Kleidung (metallisch glitzernde Jacke mit Pelzkragen). Auf der anderen Seite ist Stewart aber barfüßig und der Thronsessel steht auf wackligen Holzkisten.

Ergänzung zum besseren Verständnis, die aber sicherlich nicht in einer Prüfung von dir als Schüler verlangt wird:
Diese gegensätzliche Darstellung auf dem CD-Cover ist vielleicht auch ein bildlicher Hinweis auf den Titel der CD: „a spanner in the works" ist eine feststehende englische Redewendung für „Quertreiber", was soviel bedeutet wie „jemand, der Schwierigkeiten macht, der etwas zu durchkreuzen sucht".

Übungsaufgabe 5: Bildvergleich

Das Porträt ist ein wichtiges Genre in der Kunst der Renaissance. Albrecht Dürer hat viele Variationen dieses Themas in verschiedenen bildnerischen Techniken geschaffen.

Ihnen liegen die Reproduktion Dürers Silberstiftzeichnung seiner Mutter und ein aktuelles Schwarz-Weiß-Foto von Fred Lang vor.

Vergleichen Sie die Frauenporträts in einer tabellarischen Gegenüberstellung hinsichtlich ihrer Gemeinsamkeiten und Unterschiede. Tragen Sie hier Ihre Antworten ein:

Albrecht Dürer:
Die Mutter des Künstlers
(Silberstiftzeichnung)

Fred Lange:
Alte Frau
(Fotografie)

Kriterien	Dürer: Die Mutter des Künstlers (Silberstiftzeichnung)	Fred Lange: Alte Frau (Fotografie)

___/15 P.

3 Kunst und Kommunikation

Dieser Bereich des Faches Kunsterziehung wird in der Abschlussprüfung noch nicht voll berücksichtigt, ist aber Bestandteil des Lehrplans. Deswegen soll in diesem Kapitel genauer auf Grundbegriffe und Grundkenntnisse eingegangen werden.

3.1 Übersicht zu prüfungsrelevanten Kenntnissen (gemäß Lehrplan)

Jahr-gangs stufe	R4/ R6	Thema	Schwerpunkt	Anmerkungen
7	R6	Comic	– Bildfolge (Bewegung als Abfolge von Einzelbildern) – spezifische Darstellungsformen (z. B. Sprechblasen)	
8	R4+ R6	Werbung	– Leitbilder – Botschaften – Zielgruppen – Werbeformen (Logo, Anzeige, Plakat) – Strategien (Kampagne, Imagedesign)	Schwerpunktbereich
	R4+ R6	Mode	– Zeiterscheinung – Personenimage	
9	R4+ R6	Film	– verschiedene Formen der Realitätsdarstellung (Dokumentation, Spielfilm, Videoclip, …) – Gestaltungsmittel (Einstellungen, Schnittfolge, Perspektive, Musik)	
10	R4+ R6	Layout	– Gestaltungsprinzipien – geschichtliche Einblicke (Jugendstil, Markenprodukt, Heartfield) – Layout, Kunst und Zeitgeist (propagandistische Kunst) – Eigenproduktion (Fotografie, Computergrafik, Internet nutzen)	Schwerpunktbereich

3.2 Aufgabenbeispiel Kunst und Kommunikation mit Übungsaufgaben

Die visuellen Medien bilden den Schwerpunktbereich innerhalb des Bereichs Kunst und Kommunikation. Dabei geht es vor allem um Werbung und das dazu gehörende Layout.

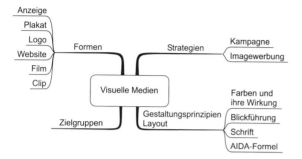

Im Vordergrund steht die **Layoutanalyse**, die ganz ähnlichen Prinzipien folgt wie die Bilderschließung:

> **Merke:**
> 1 Untersuche die Farbgebung und ihre bezweckte Wirkung.
> 2 Untersuche den Bildaufbau unter besonderer Berücksichtigung der Blickführung.
> 3 Untersuche die Schriftgestaltung und das Verhältnis von Text und Bild.
> 4 Setze das Layout mit dem Medium und der Zielgruppe in Zusammenhang.
> 5 Wende die AIDA-Formel an.

Gestaltungsprinzipien bei der Layoutanalyse

a) Farben und ihre Wirkung

Viele Farben werden in der Werbung ganz gezielt ihrer Wirkung und ihres Symbolcharakters wegen eingesetzt. Wichtig sind hier auch die Zusammenstellungen der Farben (Ton in Ton, Komplementärkontrast, …)

Beispiele:

Farbe	Wirkung/Symbolcharakter
Rot	Signalfarbe, steht für Liebe, Leidenschaft, Kraft, Energie, Wärme, Aggressivität (vor allem in Verbindung mit Schwarz)
Gelb	Signalfarbe (vor allem in Verbindung mit Schwarz), steht für Energie, Wärme und Licht
Blau	steht für Kühle, Frische, Sauberkeit, Klarheit
Grün	steht für Hoffnung, Leben, Naturverbundenheit
Weiß	steht für Reinheit, Unschuld

b) Bildaufbau und Blickführung

Die Beschreibung des Bildaufbaus folgt den Regeln der Kunstbetrachtung.
Besonders ist hier aber auf die Blickführung zu achten. Meist wird der Blick des Betrachters über das Bild geführt. Dabei werden die Lesegewohnheiten berücksichtigt: So wandert der Blick des Lesers von rechts oben im Uhrzeigersinn nach links oben.

Überschrift – Headline

4.   **1.**

Nun folgt der Text:
Bisher wurden Beispiele aus diesem Bereich immer im Vergleich zu Kunstwerken im Bereich Kunstbetrachtung behandelt.
Da die Formen der visuellen Medien aber immer vielseitiger und wichtiger geworden sind, werden sie nun in eigenen Aufgaben behandelt, um ihrem Stellenwert innerhalb der Kunsterziehung gerecht zu werden. Praktische Aufgabenteile bilden einen Schwerpunkt wie zum Beispiel die Skizze für eine Werbeanzeige oder der Entwurf eines Logos. Im Vordergrund steht aber die Layoutanalyse, die ganz ähnlichen Prinzipien folgt wie die Bilderschließung.

2.

3.

c) Schrift und Textgestaltung

Hier sind vor allem die folgenden Aspekte wichtig:
– Passen Schrift und Inhalt zusammen?
– Ist die Schrift gut zu lesen (Größe, Fettdruck)?
– Wie viele verschiedene Schriften sind enthalten?
– In welchem Verhältnis stehen Text und Bild?

d) AIDA-Formel

Die AIDA-Formel ist ein Begriff, der aus der Wirtschafts- und Rechtslehre stammt und ein gedankliches Grundgerüst für Werbung darstellt.
Die einzelnen Buchstaben stehen für:

A	**Attention** (engl. Aufmerksamkeit)	Der „Hingucker" bei einer Werbung: meist ein Bild oder ein Spruch, wodurch die Aufmerksamkeit des Betrachters erregt wird.
I	**Interest** (engl. Interesse)	Ein Spruch, ein kurzer Text oder ein Bild, wodurch das Interesse des Betrachters für das Produkt geweckt wird, weil genauere Informationen enthalten sind.
D	**Desire** (engl. Verlangen)	Ein Text oder Bild, wodurch beim Betrachter das Verlangen geschürt wird, dass er dieses Produkt kaufen möchte.
A	**Action** (engl. Handlung)	Die eigentliche Kaufhandlung.

Für die Layoutanalyse sind nur die ersten drei Aspekte von Bedeutung.

Übungsaufgabe 6: Kunst und Kommunikation (AIDA-Formel)

Erläutern Sie anhand der vorliegenden Werbung die AIDA-Formel:

Ikea-Werbung zur Neueröffnung des Einrichtungshauses in Fürth/Bayern, 2004 (Farbtafel B3)

Tragen Sie hier Ihre Lösung ein:

Attention	
Interest	
Desire	

___/6 P.

Übungsaufgabe 7: Kunst und Kommunikation (Bedeutung des Motivs)

Beschreiben Sie, welche Bedeutung das Motiv bei der vorliegenden Werbung hat.
Gehen Sie dabei auch auf die Funktion von Prominenten als Werbemotiv ein.

Tragen Sie hier Ihre Antwort ein:

_____

_____

_____

_____

_____

_____

_____

___/6 P.

22

4 Exemplarische Kunstbetrachtungen

4.1 Leonardo da Vinci: Madonna mit der Nelke (1478),
Öl auf Holz, München, Alte Pinakothek (Farbtafel B4)

Bildinhalt

– Die Mutter steht vor einer Brüstung, die den Blick in eine Berglandschaft freigibt, und
stützt das auf einem Kissen sitzende Kind mit der rechten Hand.
– realitätsnahe Darstellung, insbesondere der Anatomie der Menschen
– Beide Personen blicken auf die Nelke: die Mutter nachdenklich, das Kind staunend.
– Der ganze Körper des Kindes drückt das Streben nach der Blume aus.
– Nur die stützende Hand der Mutter sichert das Gleichgewicht des Kindes.

Form und Farbe

Form:
– starker Hell-Dunkel-Kontrast
– naturalistische Darstellung
– aufwändige plastische Darstellung (z. B. der Falten an den Gewändern)

Farbe:
– hohe Leuchtkraft der Farben
– reine Farbklänge bei der Madonna
– weiche Modellierung in den Schattenbereichen

Bildaufbau und Kompositionsskizze

Bildaufbau:
– ausgewogene Verteilung linearer und
malerischer Werte
– grafische Feinheiten
– Farb- und Luftperspektive

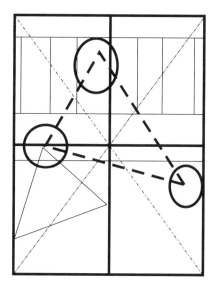

4.2 Bartholomé Estéban Murillo: Buben beim Würfelspiel (ca. 1665), Öl auf Leinwand, München, Alte Pinakothek (Farbtafel B5)

Bildinhalt

- In der Mitte des Gemäldes sind drei Buben zu sehen.
- Im Zentrum hockt einer von ihnen auf einer grob behauenen Steinstufe und hat gerade zwei Würfel geworfen. Er ist mit einem weißen Hemd bekleidet, über dem er ein grobes, bräunlich-graues Wams trägt.
- Ihm gegenüber sitzt sein Mitspieler. In seine ockergelbe Stirnbinde hat er Weinblätter gewunden. Sein aufgeknöpftes, weißes Hemd ist von einem kupferfarbenen Tuch umschlungen und an seiner linken Schulter heruntergerutscht. Er deutet mit dem Zeigefinger auf die Würfel.
- Vor beiden Jungen liegen Münzen.
- Der dritte Knabe steht links von den beiden Würfelspielern und beißt in ein Brot, beobachtet von einem hellbraunen Hund, der links von ihm sitzt.
- Der dritte Junge ist gedankenverloren von der Spielergruppe ab- und dem Betrachter zugewandt.
- Im linken unteren Bildeck befinden sich im Vordergrund ein Korb mit Früchten und ein liegender Tonkrug.
- Nur angedeutet sind im Hintergrund ein Gemäuer mit Türöffnung und sehr vage eine blaugraue Landschaft zu erkennen.

Form und Farbe

Form:
- realistische Darstellung der Bildgegenstände
- weiche, tonige Übergänge und Abgrenzungen

Farbe:
- theatralischer Einsatz des Lichtes, das schlaglichtartig die Szene und bestimmte Teile der Gesichter beleuchtet
- brauntonige Farbgebung
- starker Hell-Dunkel-Kontrast

Bildaufbau und Kompositionsskizze

Bildaufbau:
- Farbperspektive mit Verblauung im Hintergrund
- Der Blick des Betrachters wird durch das Bild geführt.

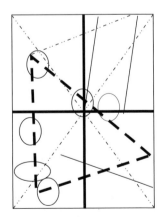

4.3 Pierre-Auguste Renoir: Das Frühstück der Ruderer (1881), Öl auf Leinwand; Washington D. C. Phillips Collection (Farbtafel B6)

Bildinhalt

- Eine Gruppe junger Frauen und Männer hat sich zwanglos um einen gedeckten Tisch auf einer überdachten Terrasse versammelt und unterhält sich heiter.
- Die Personen sind in fünf Gruppen angeordnet, teilweise sind sie angeschnitten.
- Es ist ein sonniger Tag dargestellt.
- Im Hintergrund sind Gebüsch und Bäume sowie eine Flusslandschaft mit Brücke angedeutet.

Form und Farbe

Form:
- kaum Konturen, keine scharfen Abgrenzungen
- wenig Details
- Überschneidungen

Farbe:
- lockerer, flimmernder Farbauftrag
- helle Palette
- Farbmischung erst auf der Leinwand
- farbige Schatten

Bildaufbau und Kompositionsskizze

Bildaufbau:
- Fluchtpunkt-Perspektive
- Farb- und Luftperspektive
- Betonung der Diagonalen

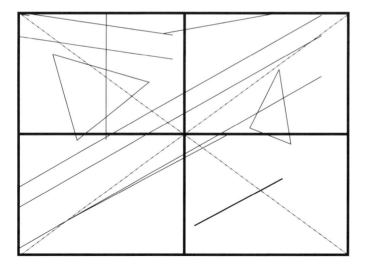

4.4 Edvard Munch: Der Schrei (1895), Lithografie

Bildinhalt

- Im Vordergrund und Bildmittelpunkt steht eine schreckensstarre, ausgemergelte Gestalt auf einem Landungssteg.
- Die Augen sind geweitet, der Mund aufgerissen. Die Hände drücken fest die Ohren zu.
- Der Kopf ist zum Totenkopf stilisiert.
- Der Landungssteg führt stark verkürzend in das Bild. An seinem Ende stehen zwei unbeteiligte Passanten.
- Den Hintergrund bildet eine Hügellandschaft, die in eine Bucht mündet. Dort liegen zwei Segelschiffe vor Anker. Der Himmel wird nur durch bewegte Linien dargestellt, die die Wellenform der Hügel wieder aufnehmen.

Form und Farbe

- reine Schwarz-Weiß-Darstellung
- linearer Aufbau
- Die Linien unterstützen die Tiefenwirkung.

Bildaufbau und Kompositionsskizze

Bildaufbau
- Betonung der Diagonalen durch den Landungssteg
- Dynamik erzeugen die geschwungenen Linien der Hügel und der Wolken.
- Die drei Figuren bilden durch ihre vertikale Ausrichtung zusammen mit dem vertikalen Hügelfeld ein Gegengewicht.

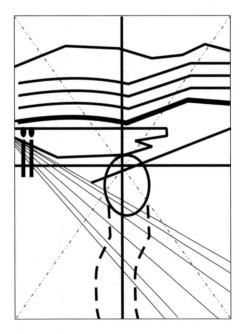

4.5 Camille Pissarro: Boulevard des Capucines/Montmatre (1897), Öl auf Leinwand, London, the National Gallery (Farbtafel B7)

Bildinhalt

– „Momentaufnahme" einer Nachtstimmung der regennassen, das Laternenlicht reflektierenden großen Straße
– Blickwinkel von schräg oben
– Die Straßenränder sind gesäumt mit parkenden Fahrzeugen, schlendernden Passanten und hell erleuchteten Geschäften.
– Die Gehsteige sind durch Baumreihen begrenzt.

Form und Farbe

Form:
– strichförmige, flimmernde Malweise
– keine festen Konturen
– visuelle Ergänzung der Formen durch den Betrachter

Farbe:
– Komplementärkontrast (Gelb-)Orange/Blau
– farbige Schatten
– Farbmischung zum Teil direkt auf der Leinwand

Bildaufbau und Kompositionsskizze

Bildaufbau:
– Fluchtpunktperspektive
– oberes Drittel dunkel und leer, fast monochrom
– unterer Bildbereich kleinflächig und hell
– Fluchtlinien und Vertikale betont und durch Pinselstriche festgelegt

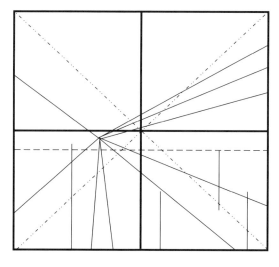

4.6   Ernst Ludwig Kirchner: Zirkusreiterin (1912),
Öl auf Leinwand, München, Staatsgalerie moderner Kunst (Farbtafel B8)

Bildinhalt

- Man sieht eine kreisförmige Zirkusmanege, in der ein weißes Pferd galoppierend seine Runden dreht. Zwei rote Fahnen begrenzen die Laufbahn. Eine rosa gekleidete Akrobatin lässt sich im Ritt über den Rücken des Tieres nach unten hängen.
- Zwei kostümierte Akrobaten stehen mit in der Manege und beobachten die Szene. Das Publikum ist in mehrere Blöcke eingeteilt. Drei Zirkusbedienstete bilden den rechten Bildabschluss.
- Raum und perspektivische Korrektheit werden vernachlässigt, das Pferd ist viel zu groß dargestellt.

Form und Farbe

Form:
- kantige, grobe Flächen
- ausdrucksstarke Linien/Konturen
- Vereinfachung der Formen
- keine objektive, sachliche Darstellung

Farbe:
- großflächiger Farbauftrag
- schwarze Konturen
- zentraler Komplementärkontrast Rot/Grün, starker Hell-Dunkel-Kontrast
- nur beim Pferd und der Artistin körpermodellierende Farben

Bildaufbau und Kompositionsskizze

Bildaufbau:
- Betonung der Diagonalen und der Ellipse der Manege erzeugen Dynamik.
- Der Blick des Betrachters wird spiralförmig durch das Bild geführt, was die Dynamik zusätzlich erhöht.

4.7   Karl Schmidt-Rottluff: Gang nach Emmaus (1918), Holzschnitt

Bildinhalt

- Im Vordergrund steht die Personengruppe, in deren Mitte Jesus segnend die linke Hand hebt.
- Die Gesichter sind grob und fast maskenhaft dargestellt.
- Auf perspektivische Richtigkeit und Proportionalität wurde verzichtet.
- Der Weg führt elliptisch in den Hintergrund.
- Zwei Baumstümpfe flankieren den Weg.
- Die Sonne bildet den rechten Bildabschluss. Ihre Strahlen führen zurück zum Kopf der zentralen Christusfigur.

Form und Farbe

- grobe, schroffe und kantige Flächen überwiegen
- wenige, aber ausdrucksstarke Linien
- keine Details

Bildaufbau und Kompositionsskizze

Bildaufbau:
- Die vertikal ausgerichtete Personengruppe dominiert zwei Drittel der Bildfläche.
- Der gebogene Weg, der elliptisch in eine Bergfläche übergeht, erzeugt Dynamik.

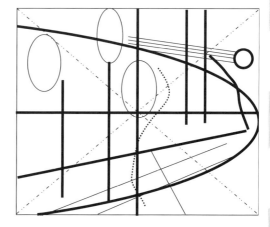

Lösungen zu den Übungsaufgaben

Übungsaufgabe 1: Kunstgeschichte

Ihnen liegt die Abbildung „Selbstbildnis im Pelzrock" von Albrecht Dürer vor (Farbtafel B1). Ordnen Sie das Bild zeitgeschichtlich ein und weisen Sie typische Merkmale dieser Stilrichtung im Bild nach.

Zeitgeschichtliche Zuordnung: Das Bild Dürers stammt aus der **Renaissance**. Folgende typische Merkmale dieser Stilrichtung lassen sich im Bild nachweisen:

	Gestaltungs-kriterien	Typische Merkmale im Bild
1	Malweise	– feiner, lasierender Farbauftrag – detaillierte Wiedergabe des Motivs und – der Lichtverhältnisse
2	Farbgebung	– realistische Farbgebung (Gegenstandsfarbe) – starker Hell-Dunkel-Kontrast – Erscheinungsfarbe
3	Raum-darstellung	durch die starke Plastizität des Motivs
4	Motiv	– Der Mensch steht im Mittelpunkt des Universums. – Der Künstler sieht sich als Genie. – Erhabenheit und Ruhe sind anzustrebende Ideale. – genaues Studium der Natur und Anatomie – Harmonie durch geometrische Grundformen wie Kreis, Dreieck,…

Übungsaufgabe 2: Bildbeschreibung

Beschreiben Sie in wenigen Sätzen den Bildinhalt des vorgegebenen Bildes:
„Selbstbildnis im Pelzrock" von Albrecht Dürer, 1500, Öl auf Holz, 67 × 49 cm,
Alte Pinakothek, Bayerische Staatsgemäldesammlungen, München

Das Bild zeigt ein Selbstbildnis Dürers als Brustporträt. Das formatfüllende Selbstporträt hebt sich hell vom nicht weiter definierten, fast schwarzen Hintergrund ab. Links vom Kopf auf gleicher Höhe mit den Augen des Dargestellten stehen die Initialen des Künstlers AD und das Entstehungsdatum 1500, rechts vom Kopf steht ein kurzer Text, der genauere Informationen über den Urheber des Bildes gibt. Dürer malte sich in Frontalansicht. Der Dargestellte ähnelt in Äußerem und Haltung den traditionellen Christusdarstellungen. Die Lockenpracht glänzt golden in Strähnen gebündelt und verdreht und umrahmt den Kopf in dreieckiger Form. Die Figur blickt starr, aber selbstbewusst und strahlt innere Ruhe aus. Dürer kleidet sich auf dem Bild in ein braunes Gewand mit einem Pelzkragen mit geschlitzten Ärmeln. Dürers rechte Hand scheint das Gewand zuzuhalten, hat aber eine etwas eigenartige Haltung. Die linke Hand ist nicht zu sehen. Die Figur ist an beiden Seiten und unten angeschnitten.

Übungsaufgabe 3: Bilderschließung

Betrachten Sie die vorliegende Abbildung „Das Selbstbildnis mit Landschaft" von Albrecht Dürer (Farbtafel B2) aufmerksam. Erschließen Sie das Bild hinsichtlich der angegebenen Aspekte in Form einer Tabelle.

	Kriterien	Inhalt
1	Farbgebung und Malweise	– Gegenstandsfarben und Erscheinungsfarben – realistische und detailgetreue Malweise – lasierende Malweise
2	Stofflichkeit	– matte und glatte Stoffe der Kleidung, Haut und Haare lassen sich unterscheiden – Die Oberflächenbeschaffenheit des Mauerwerks ist nur angedeutet. – Das Motiv ist fein modelliert.
3	Raumdarstellung	– Die Bildelemente sind kulissenartig gesetzt. – Überschneidungen erzeugen Räumlichkeit. – In der Architektur wird Fluchtpunktperspektive angedeutet. – In der Hintergrundlandschaft wird Farb- und Luftperspektive eingesetzt.
4	Plastizität	– durch Farbmodulation erzeugt – durch den starken Hell-Dunkel-Kontrast erzeugt
5	Licht	– Die Figur wird von einer außerhalb liegenden Lichtquelle von vorne links angestrahlt. – Der Innenraum dahinter liegt im Dunkeln. – Die Hintergrundlandschaft liegt in diffusem Licht mit nicht näher bestimmbarer Lichtquelle.

Übungsaufgabe 4: Bilderschließung mittels Kompositionsskizze

Betrachten Sie die vorliegende Abbildung „Das Selbstbildnis mit Landschaft" von Albrecht Dürer aufmerksam.
Fertigen Sie eine genaue Kompositionsskizze an, aus der der Bildaufbau ablesbar ist.

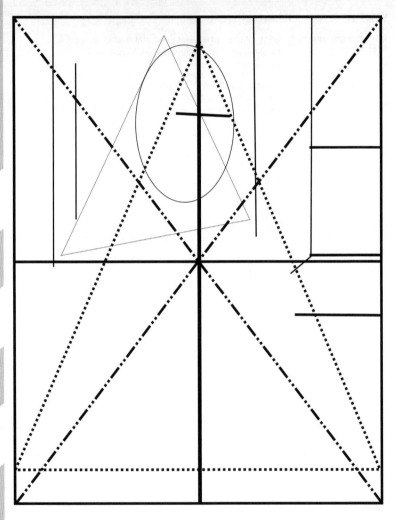

Übungsaufgabe 5: Bildvergleich

Kriterien	Dürer: Die Mutter des Künstlers (Silberstiftzeichung)	Fred Lange: Alte Frau (Fotografie)
Motiv	Beide Darstellungen zeigen alte Frauen mit Kopftuch. Die Frauen werden naturalistisch und nicht idealisiert porträtiert.	
	Dürers Mutter blickt am Betrachter vorbei. Albrecht Dürer ging es vor allem um die individuellen Gesichtszüge seiner Mutter und um die Wiedergabe der genauen Anatomie – besonders gut ist das in der Darstellung des Halses zu erkennen.	Die Porträtierte blickt den Betrachter zwar direkt an, aber ihre Augen sind auf Grund der Beleuchtung nicht genau zu erkennen. Dem Fotografen kommt es mehr auf die Hell-Dunkel-Wirkung des Motivs als auf das individuelle Porträt an.
Bildaufbau	Der Frauenkopf ist im Dreiviertelprofil zu sehen und Teil eines Brustbildes. Die ausgearbeiteten Teile (Gesicht und Hals) sind alle in den oberen zwei Dritteln des Bildes.	Das Porträt nimmt den größten Teil des Bildes ein und zeigt den Frauenkopf frontal. Die Komposition ist symmetrisch.
Bildwirkung	Das Motiv wird gleichmäßig ausgeleuchtet. Dadurch treten die anatomischen Details (Adern, Sehnen und Schädelknochen) besonders hervor und lassen die dargestellte Frau hager und ausgemergelt wirken.	Durch den starken Hell-Dunkel-Kontrast treten die faltigen Gesichtszüge plastisch hervor. Weil die Augen im Dunkeln liegen, entsteht ein beinahe geheimnisvoller Eindruck.
Form Licht/Schatten	Bei Dürer wird das Plastische des Porträts durch die wenigen Schattenpartien modelliert.	Nur wenige Teile sind durch hartes Seitenlicht beleuchtet, Sie treten durch den schwarzen umgebenden Raum besonders plastisch hervor und definieren das Gesicht.

Übungsaufgabe 6: Kunst und Kommunikation (AIDA-Formel)

Erläutern Sie anhand der vorliegenden Werbung die AIDA-Formel:

Attention	– das verfremdete Porträt Albrecht Dürers durch den Wikingerhelm und den für IKEA typischen Imbusschlüssel in der Hand – die leuchtenden Farben Blau und Gelb vor dem dunkeltonigen Bild – der schief gesetzte Textblock
Interest	– der fettgedruckte Spruch „Fürth euch schwedisch auf" mit dem Wortspiel „Fürth / führt" – das gelb / blaue IKEA-Logo
Desire	der Informationstext mit den genauen Angaben zur Eröffnung und dem Gewinnspiel

Übungsaufgabe 7: Kunst und Kommunikation (Bedeutung des Motivs)

Beschreiben Sie, welche Bedeutung das Motiv bei der vorliegenden Werbung hat. Gehen Sie dabei auch auf die Funktion von Prominenten als Werbemotiv ein.

Das Selbstporträt ist weltbekannt und steht auch als Markenzeichen Frankens bzw. Nürnbergs. Das formatfüllende Porträt fällt durch seine Größe auf und sticht durch den durchdringenden starren Blick ins Auge. Schon das allein erzeugt Aufmerksamkeit. Diese wird durch die freche, ungewohnte Verfremdung mit Wikingerhelm und Inbuschlüssel noch gesteigert.

Dürer übernimmt als Prominenter hier auch die Rolle als Sympathieträger.

Prominente sind in der Werbebranche Träger mehrerer Funktionen. Sie erregen wie in der IKEA-Werbung Aufmerksamkeit. Sie sollen Idole, aber auch Lockvögel für die jeweils angesprochene Zielgruppe sein. Dem Verbraucher soll vermittelt werden: „Wenn du das Produkt erwirbst, hast du eine Gemeinsamkeit mit deinem Idol, wirst ihm ähnlich."

Der praktische Teil der Abschlussprüfung

Hinweise zur Bearbeitung der Aufgaben

Von deinem Kunstlehrer bzw. deiner Kunstlehrerin wirst du rechtzeitig vor dem Prüfungstermin informiert, welche Arbeitsmaterialien du mitbringen musst – meist sind das Farbstifte, Bleistifte, Wasser- oder Aquarellfarben und Pinsel.
Besondere Arbeitsmaterialien, wie etwa Modelle, Stillleben, aber auch Papiere, Werkzeuge und Geräte (z. B. Druckerpresse), werden von der Schule gestellt und an zentraler Stelle in ausreichender Anzahl bereitgehalten.
Die Prüfungsbedingungen sind für alle Schüler gleich. Das betrifft nicht nur das Material, sondern auch die Sicht- und die Lichtverhältnisse.

Im Folgenden wird dir exemplarisch anhand dreier Techniken gezeigt, wie praktische Prüfungsteile aufgebaut sein können, welche gestalterischen Entscheidungen und Arbeitsschritte von der Skizze bis zum fertigen Bild sinnvoll und notwendig sind.
Der Bereich Bildnerische Praxis bietet eine Fülle von gestalterischen Techniken und Mischformen. Nicht jede ist im vorgesteckten Zeitrahmen der Prüfung praktikabel oder voll durchführbar. Es haben sich jedoch im Laufe der Zeit einige Techniken herauskristallisiert, die „prüfungstauglich" sind und deswegen gern genommen werden:
– Bunt- oder Bleistiftzeichnung
– Filzstift- oder Tuschezeichnung
– Kreide-, Wachskreide- oder Kohlezeichnung
– Aquarell-, Deckfarben- oder Acrylmalerei
– Linol- oder Holzschnitt

Im praktischen Prüfungsteil musst du nicht nur sein bildnerisches Können unter Beweis stellen, sondern auch deine Kenntnisse aus dem Bereich Gestaltungs- und Farbenlehre anwenden:
– perspektivische Mittel (Fluchtpunktperspektive, Überschneidungen, Farbperspektive …)
– Grundprinzipien der Komposition
– Farbklänge und Farbkontraste

1 Beispiel für eine Aufgabenstellung „Zeichnen"

Aufgabenstellung: Sachzeichnung – Werkzeug
Arbeitsanweisung: Fertigen Sie eine genaue und perspektivisch richtige Sachzeichnung des vorliegenden Werkzeugs an, so dass es gut im Format steht, mindestens drei Seiten zu sehen sind und die unterschiedlichen Materialien gut herausgearbeitet werden. Beziehen Sie den Untergrund und den Hintergrund in ihre Komposition mit ein.
Format: DIN A3
Technik: Bleistift
Vorlage: vorgegebene Werkzeuge wie Zangen, Schraubzwingen etc.
Bewertet werden:
– perspektivische Richtigkeit
– Komposition
– Zeichentechnik

Sinnvolle Arbeitsschritte:

a) Skizze, Entwurf

Die Skizze soll das Motiv, einen Ausschnitt und den Bildaufbau/die Komposition festlegen. Es empfiehlt sich, mehrere sog. Faustskizzen (Größe der eigenen Faust) anzufertigen und nur den besten Entwurf auszuführen. Dabei helfen dir folgende **Leitfragen**:
– Was soll dargestellt werden?
– Wie werden die Bildgegenstände angeordnet: als Dreieck, kreisförmig, als Gruppe, Reihung oder Streuung?
– Passt das Dargestellte besser in ein Hoch- oder Querformat?
– Füllt das Motiv das gesamte Format?
– Wie stehen die Bildgegenstände im Format: mittig–ausmittig, symmetrisch–asymmetrisch, ganz zu sehen oder angeschnitten?

b) Übertragen des Entwurfes auf das endgültige Format

Beim Übertragen ist es wichtig, dass du die Proportionalität wahrst, weil du das Motiv vergrößern musst. Wichtig ist es auch, nur dünn und mit nicht zu hartem bzw. zu weichem Bleistift zu übertragen, damit du notfalls noch Änderungen vornehmen kannst.

c) Ausarbeitung

Bei der Ausarbeitung einer Bleistiftzeichnung solltest du folgende Aspekte besonders beachten:
– Denke an die Hell-Dunkel-Verteilung, sie bestimmt den Bildaufbau entscheidend mit.
– Trage die Schraffuren möglichst in mehreren Schichten auf.
– Lege am besten zunächst die Schattenpartien fest und beginne dort mit der ersten Schraffur. Die weiteren Schraffuren zeichnest du darüber.
– Achte auf die grafische Umsetzung: Verwende den Bleistift vielseitig, um Oberflächen und Material nachzuahmen (Schraffur, Wischtechnik, Punktieren, Frottage).

2 Beispiel für eine Aufgabenstellung „Malen"

Aufgabenstellung: Himmel und Wasser
Arbeitsanweisung: Für den Eingangsbereich des Bürogebäudes eines großen Energiekonzerns (Wind- und Wasserenergie) soll eine Wand zum Thema „Himmel und Wasser" gestaltet werden. Sie können das Thema gegenständlich oder abstrakt lösen.
Format: festgelegtes Bildformat auf einem DIN-A3-Bogen
Technik: Aquarell- oder Deckfarben
Vorlage: Maße der zu gestaltenden Wand als Rechteck (evtl. mit Türaussparungen) als Arbeitspapier
Bewertet werden:
– Komposition
– Maltechnik
– Farbwirkung und Farbgestaltung

Sinnvolle Arbeitsschritte:

a) **Skizze, Entwurf**

Die Skizze soll das Motiv, einen Ausschnitt und den Bildaufbau/die Komposition festlegen. Es empfiehlt sich, mehrere sog. Faustskizzen (Größe der eigenen Faust) anzufertigen und nur den besten Entwurf auszuführen. Dabei helfen dir folgende **Leitfragen**:
– Was soll dargestellt werden?
– Wie werden die Bildgegenstände angeordnet: als Gruppe, Reihung oder Streuung?
– Stehen kleine und große Farbflächen in einem spannungsreichen Wechsel?
– Füllt das Motiv das gesamte Format?
– Wie stehen die Bildgegenstände im Format: mittig-ausmittig, symmetrisch-asymmetrisch, ganz zu sehen oder angeschnitten?
– Welche Farbtöne überwiegen?
– Werden Kontraste zur Steigerung der Farbigkeit eingesetzt?

b) **Übertragung des Entwurfes auf das endgültige Format**

Beim Übertragen ist es wichtig, dass du die Proportionalität wahrst, weil du das Motiv vergrößern musst. Wichtig ist es auch, nur dünn und mit nicht zu hartem bzw. zu weichem Bleistift zu übertragen. Das ist bei malerischen Aufgaben deswegen so wichtig, weil man später die Bleistiftlinien nicht mehr durchsehen sollte.

c) **Ausarbeitung**

Bei der Ausarbeitung einer Bleistiftzeichnung solltest du folgende Aspekte besonders beachten:
– Lege Farbflächen an und achte dabei auf einen Wechsel zwischen kleinen und großen Flächen, Flächen und Linien.
– Lege die Farbflächen nebeneinander an und warte beim Übermalen, bis der Untergrund wieder trocken ist.
– Achte auf die Farbzusammenstellung (Ton in Ton, kontrastiv, …).
– Beginne mit den hellen Farben und setze am Schluss dunkle Akzente.

3 Beispiel für eine Aufgabenstellung „Drucken"

Aufgabenstellung: Holz- oder Linolschnitt (s/w) – Blick in einen Park
Arbeitsanweisung: Betrachten Sie August Mackes Bild „Mädchen unter Bäumen".
Lassen Sie sich davon zu einer eigenen Bildidee anregen. Stellen Sie einen typischen Ausschnitt eines Parks dar.
Format: Plattenformat DIN A5 bis DIN A4 auf DIN-A3-Papier gedruckt
Technik: Holz- oder Linolschnitt (Hochdrucktechnik)
Vorlage: Reproduktion August Macke: „Mädchen unter Bäumen" (1914)
Bewertet werden:
– Komposition
– Drucktechnik

Sinnvolle Arbeitsschritte:

1 Skizze, Entwurf

Die Skizze soll das Motiv, einen Ausschnitt und den Bildaufbau/die Komposition festlegen. Es empfiehlt sich hier mindestens eine Skizze im Maßstab 1:1 anzulegen. Dabei helfen dir folgende **Leitfragen**:
– Was soll dargestellt werden?
– Wie werden die Bildgegenstände angeordnet: als Gruppe, Reihung oder Streuung?
– Stehen kleine und große Flächen mit Linien in einem spannungsreichen Wechsel?
– Stehen weiße und schwarze Flächen kontrastiv gegenüber?
– Wie stehen die Bildgegenstände im Format: mittig-ausmittig, symmetrisch-asymmetrisch, ganz zu sehen oder angeschnitten?
– Passt das Dargestellte besser in ein Hoch- oder Querformat?

2 Übertragen des Entwurfes auf die Druckplatte

Damit das Bildmotiv später wieder seitenrichtig erscheint, musst du es spiegelverkehrt auf den Druckstock übertragen. Das ist besonders wichtig, wenn Zahlen oder Buchstaben Teile des Motivs sind. Beim Übertragen des Entwurfes auf die Druckplatte gibt es verschiedene Möglichkeiten:
– Entweder zeichnest du den Entwurf direkt mit weichem Bleistift oder Kugelschreiber spiegelverkehrt auf die Platte oder
– du zeichnest den Entwurf mit Zeichenkohle nach, legst ihn auf die Druckplatte und reibst ihn durch oder
– du zeichnest den Entwurf seitenverkehrt auf und paust ihn mit Durchschlagpapier auf den Druckstock durch.

3 Ausarbeitung

Bei der Ausarbeitung einer Bleistiftzeichnung solltest du folgende Aspekte besonders beachten:
– Schneide alle Konturen und Linien mit dem Konturenmesser nach.
– Schneide alle Linien und Flächen, die später weiß bleiben sollen, aus der Platte heraus. Für Linien verwendest du den Geißfuß, für Flächen unterschiedlich breite Hohleisen.
– Walze die Druckplatte mit Druckfarbe gleichmäßig ein.
– Lege den Papierbogen darauf und presse ihn mit einer zweiten, sauberen Walze an bzw. drucke mithilfe der Druckerpresse.

4 Weitere exemplarische Aufgabenstellungen

4.1 Malen mit Wasserfarben: „Aquarium"

Format: DIN A3
Technik: Wasserfarben
Vorlage: Reproduktion von Paul Klee, „Der rote Fisch"
Arbeitsanweisung: Malen Sie Wasserpflanzen und Fische aus einem Aquarium.
Arbeitshinweise: Das Thema soll durch einen typischen Ausschnitt des Aquariums veranschaulicht werden. Die Darstellungsweise kann gegenstandsnah oder abstrahiert sein. Nutzen Sie das Bildformat DIN A3 gut aus.
Beurteilt werden:
– die Farbkomposition und der Bildaufbau
– die Behandlung deckender und lasierender Farbschichten

4.2 Plastisches Zeichnen eines verpackten Objektes

Format: DIN A2, das Format darf auch durch ein Passepartout auf DIN A3 verkleinert werden
Technik: Ölkreiden in Graustufen, weiß und schwarz, „Grisaille" auf weißem oder gelblichem Tonpapier
Vorlage: verpacktes Objekt
Arbeitsanweisung: Zeichnen Sie den verpackten Gegenstand und arbeiten Sie seine Räumlichkeit plastisch heraus.
Arbeitshinweise: Setzen Sie das Objekt groß ins Bild. Arbeiten Sie Licht und Schatten des Faltenwurfs und die Verschnürung deutlich heraus. Die Umgebung kann farbig als imaginärer Raum oder flächig zum Objekt komponiert werden.
Beurteilt werden:
– die Komposition
– die Plastizität

4.3 Malen mit Wasserfarben: „Blumenstrauß in einer Vase"

Format: DIN A4 (Hoch- oder Querformat)
Technik: Wasserfarben
Vorlage: gegebenes Stillleben
Arbeitsanweisung: Malen Sie den Blumenstrauß mit interessanten Strukturen und Farbnuancen.
Arbeitshinweise: Die Darstellung kann gegenstandsnah oder auch abstrahiert sein. Nutzen Sie das Bildformat gut aus. Beziehen Sie auch den Hintergrund formal und farblich mit ein.
Beurteilt werden:
– die Bildkomposition
– die Farbharmonie
– die Behandlung deckender und lasierender Farbschichten

4.4 „Hausdächer, Kamine, Rauchschwaden"

Format: DIN A3 (Hoch- oder Querformat)
Technik: Aquarell- oder Deckfarben
Vorlage: Blick aus dem Fenster
Arbeitsanweisung: Malen Sie die Dachlandschaft der Nachbarhäuser.
Arbeitshinweise: Darstellungsweise, Malweise und Abstraktionsgrad sind freigestellt. Achten Sie auf eine interessante Komposition und die Verwendung von Farbkontrasten! Dringend empfohlen wird die Anfertigung von Kompositions- und Farbskizzen.

Beurteilt werden:
- die Komposition
- die Kontrastwirkung von kantigen und weichen Formen
- die Farbkontraste

4.5 Gestalten Sie in einer eigenen Komposition in einer Malweise Ihrer Wahl ein Stillleben.

Format: zwei Kompositionsskizzen im Format DIN A4 und eine Zeichnung bzw. Malerei im Format DIN A3
Technik: Wachsmalkreiden oder Deckfarben
Vorlage: Es liegen Ihnen zwei Reproduktionen vor:
1. Georg Flegel, „Stillleben mit Kirschen"
2. Henri Matisse, „Stillleben"
Arbeitsanweisung: Gehen Sie in Ihrer Arbeit von einem Detail der von Ihnen gewählten Abbildung aus, das Sie besonders anspricht, und arbeiten Sie andere Bildteile Ihrer persönlichen Umgebung in die neue Komposition ein.
Beurteilt werden:
- die Komposition
- die Farbgebung
- die Oberflächen der Bildgegenstände

4.6 „Mensch und Natur"

Format/Technik: zwei Kompositionsskizzen im Format DIN A4 und eine Malerei im Format DIN A2 in Deckfarben oder farbigen Kreiden
Vorlage: Es liegen ihnen zwei Reproduktionen vor:
1. Hans Baldung Grien, „Ruhe auf der Flucht" (um 1500)
2. August Macke, „Mädchen unter Bäumen" (1914)
Arbeitsanweisung: Stellen Sie das Thema „Mensch und Natur" in einer eigenen Komposition dar.
Arbeitshinweise: Verwenden Sie eine Malweise Ihrer Wahl, die in der „Klassischen Moderne" entwickelt wurde. Gehen Sie in Ihren Entwürfen von einem Detail der beiden Abbildungen aus, das Sie am meisten anspricht, und arbeiten Sie andere Bildteile Ihrer persönlichen Umgebung in die neue Komposition ein.
Beurteilt werden:
- die Bildkomposition
- die Farbgebung, Farbkontraste
- die Bildaussage

4.7 Bleistiftzeichnung: „Holzstück und Papier"

Format: DIN A3
Technik: Bleistift
Vorlage: Holz und Papier
Arbeitsanweisung: Zeichnen Sie die verschiedenen Formen und Strukturen der von Ihnen angeordneten Gegenstände.
Arbeitshinweise: Das Papier soll teilweise zerknittert sein. Dabei entsteht ein abwechslungsreiches, plastisches Formgebilde von unterschiedlicher Helligkeit. Fügen Sie das Holzstück an einer günstigen Stelle hinzu. Versuchen Sie, auf das unterschiedliche Aussehen von Papier und Holzstück zeichnerisch einzugehen. Nutzen Sie das Zeichenblatt voll aus.
Beurteilt werden:
- die Komposition
- die Strukturen
- die Licht- und Schattenwirkung

Wiederholungsaufgaben zu den prüfungsrelevanten Kunstrichtungen

In diesem Kapitel werden zu jeder prüfungsrelevanten Kunstrichtung Aufgaben gestellt, mit denen du dein Wissen im Bereich Kunstgeschichte überprüfen kannst. Zu jeder Aufgabe wird ein Lösungsvorschlag angeboten. Diese Wiederholungsaufgaben sind im Stile der Prüfungsaufgaben formuliert und greifen exemplarisch diejenigen Aspekte der jeweiligen Epoche auf, die besonders wichtig erscheinen.

1. Architektur der Romanik und Gotik

– Ihnen liegt der Grundriss einer romanischen Basilika vor. Beschriften Sie die wichtigen Bauelemente in der Skizze mit den jeweiligen Fachbegriffen.
– Vergleichen Sie Romanik und Gotik in Form einer Tabelle hinsichtlich der angegebenen Kriterien

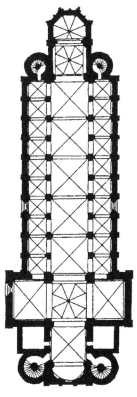

	Romantik	Gotik
Grundriss	• _____ • _____ • _____	• _____ • _____ • _____
Außenbau	• _____ • _____ • _____	• _____ • _____ • _____
Innenbau	• _____ • _____ • _____	• _____ • _____ • _____
Beispiele	• _____ • _____ • _____	• _____ • _____ • _____

2. Architektur und Malerei der Renaissance

– Die Architekten der Renaissance entwickelten eine Idealform für Bauwerke. Beschreiben Sie anhand eines selbst gewählten Beispiels Aussehen und Form dieser Bauwerke.

_____

_____

_____

_____

_____

_____

_____

_____

_____

_____

_____

_____

– In der Renaissance ändert sich das Weltbild. Erläutern Sie anhand von vier Beispielen, welche Neuerungen Einfluss auf die Malerei hatten. Erklären Sie in diesem Zusammenhang den Begriff *Universalgenie*.

_____

_____

_____

_____

_____

_____

_____

_____

_____

_____

3. Architektur und Malerei des Barock

– Nennen Sie je ein Beispiel für barocke Sakral- und Profanarchitektur und zählen Sie vier typische Gestaltungsmerkmale auf.

Sakralarchitektur: _____

Profanarchitektur: _____

Gestaltungsmerkmale:

– _____

– _____

– _____

– _____

– Ihnen liegt eine Reproduktion eines
  barocken Ölgemäldes vor. Bestimmen
  und erklären Sie die Gattung des Bildes
  und weisen Sie drei typische Gestaltungsmerkmale des Barock nach.

Bildgattung:

_____

_____

_____

_____

_____

_____

_____

_____

_____

Gestaltungsmerkmale:

– _____

– _____

– _____

4. Architektur des Klassizismus

Beschreiben Sie Wirkung und Gesamteindruck klassizistischer Bauwerke.

_____

_____

_____

_____

_____

_____

_____

44

5. Malerei der Romantik

– Nennen Sie drei typische Vertreter und je ein Werk.

Künstler	Werk

– „Die Kunst ist die Mittlerin zwischen Mensch und Natur." (C. D. Friedrich).
Erläutern Sie diese Aussage.

6. Malerei des Realismus

Nennen Sie typische Bildinhalte und erläutern Sie, warum diese teilweise für Aufsehen in der damaligen Bevölkerung sorgten.

45

7. Malerei des Impressionismus und Postimpressionismus

– Erklären Sie, inwieweit die Erfindung der Fotografie den Malern neue Möglichkeiten und Freiheiten ermöglichte.

_____

_____

_____

_____

_____

_____

_____

– Nennen Sie vier impressionistische Künstler und je ein Werk.

Künstler	Werk

– Weisen Sie anhand der vorliegenden Abbildung eines impressionistischen Gemäldes drei typische Gestaltungsmittel nach.

– _____

– _____

– _____

8. Malerei des Expressionismus

– Beschreiben Sie zeitgeschichtliche und gesellschaftliche Hintergründe, die den Expressionismus beeinflussten. Gehen Sie dabei auch auf Wegbereiter der Stilrichtung ein.

_____

_____

_____

_____

_____

_____

– Der Expressionismus geht zwar aus dem Impressionismus hervor, unterscheidet sich aber. Erläutern Sie diese Aussage, indem Sie stichpunktartig die Stilmerkmale des Expressionismus in Abgrenzung zum Impressionismus charakterisieren.

	Impressionismus	Expressionismus
Bevorzugte Bildinhalte	• _____ • _____ • _____	• _____ • _____ • _____
Farbe	• _____ • _____ • _____	• _____ • _____ • _____
Form	• _____ • _____ • _____	• _____ • _____ • _____

9. Malerei des Kubismus

– Ordnen Sie das vorliegende Bild dem analytischen oder
synthetischen Kubismus zu und begründen Sie Ihre Aussage, indem Sie typische Merkmale der Stilrichtung
beschreiben.

_____

_____

_____

_____

_____

_____

_____

_____

_____

– Erklären Sie den Begriff *Abstraktion.*

_____

_____

_____

_____

_____

_____

_____

10. Malerei des Surrealismus

– Charakterisieren Sie zwei Grundgedanken dieser Kunstrichtung. Gehen Sie dabei auch auf den zeitgeschichtlichen Hintergrund ein.

– Nennen Sie vier surrealistische Künstler und je ein Werk.

Künstler	Werk

Lösungen zu den Wiederholungsaufgaben

1. Architektur der Romanik und Gotik:

– *Ihnen liegt der Grundriss einer romanischen Basilika vor. Beschriften Sie die wichtigen Bauelemente in der Skizze mit den jeweiligen Fachbegriffen.*

– *Vergleichen Sie Romanik und Gotik in Form einer Tabelle hinsichtlich der angegebenen Kriterien.*

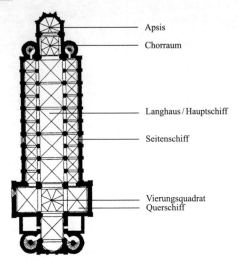

Apsis
Chorraum
Langhaus / Hauptschiff
Seitenschiff
Vierungsquadrat
Querschiff

	Romantik	Gotik
Grundriss	• Deutliche Kreuzform • Grundform ist das Vierungs-quadrat • Maße basieren auf jochgebunde-nem System	• Kreuzform wird weiterentwickelt • Grundform wird das Rechteck • Chorraum wird vergrößert
Außenbau	• Viele Türme • wehrhafte, blockhafte Anlage • symmetrische Anordnung	• Reich verzierte Fassade (Steinornamente) • große Fensterflächen (Fensterrosen) • Strebewerk
Innenbau	• Wenig Lichteinfall • Rundbogen als bestimmende Form • Betonung der Horizontalen	• starker Lichteinfall durch große Fenster • Spitzbogen als bestimmende Form • Betonung der Vertikalen
Beispiele	• Dom zu Speyer • Maria Laach • Dom zu Regensburg	• Kathedrale Chartres • Freiburger Münster • Kathedrale Reims

2. Architektur und Malerei der Renaissance

– Die Architekten der Renaissance entwickelten eine Idealform für Bauwerke. Beschreiben Sie anhand eines selbst gewählten Beispiels Aussehen und Form dieser Bauwerke.

Die Idealform stellt der Zentralraum dar, der aus einem Kreis entwickelt wird. Bramantes „Tempietto" ist ein Beispiel für einen solchen Zentralbau im sakralen Bereich. Vorbild war der antike Pantheon-Kuppelbau. Beim „Tempietto" wird der eigentliche zylindrische Kirchenraum von einem Säulengang umgeben, der mit einer Balustrade abgeschlossen wird. Auf dieser schließt die dominante Kuppel den Bau ab.

– In der Renaissance ändert sich das Weltbild. Erläutern Sie anhand von vier Beispielen, welche Neuerungen Einfluss auf die Malerei hatten. Erklären Sie in diesem Zusammenhang den Begriff Universalgenie.

In der Renaissance findet ein Wandel in der Lebensauffassung statt: Wissenschaftliche Forschungen, wie die Erforschung der menschlichen Anatomie oder physikalische Versuche (Flugapparat da Vincis) stellten den Menschen in den Mittelpunkt.
Entdeckungsreisen (Kolumbus und Marco Polo) vermittelten den Menschen ein neues Weltbild.
Die Entwicklung der Zentralperspektive beeinflusst die Maler wohl besonders.
Aber auch die Geisteshaltung des Humanismus spiegelte sich wider, stellt die Malerei doch den ethisch handelnden Menschen in den Mittelpunkt. Der Mensch versteht sich als denkendes, eigenständiges Individuum. Die Maler sehen sich nicht mehr als Handwerker, sondern als selbstbewusste Künstler, die ihre Werke signieren.
Ein Universalgenie ist ein umfassend gebildeter und interessierter Künstler, der sich gleichzeitig auch als Wissenschaftler und Techniker versteht (z. B. Leonardo da Vinci).

3. Architektur und Malerei des Barock

– Nennen Sie je ein Beispiel für barocke Sakral- und Profanarchitektur und zählen Sie vier typische Gestaltungsmerkmale auf.

Sakralarchitektur: Wallfahrtskirche Vierzehnheiligen bei Bad Staffelstein

Profanarchitektur: Würzburger Residenz

Gestaltungsmerkmale: – symmetrische Anordnung
                                 – geschwungene Fassade
                                 – viele und große Fensterflächen
                                 – geometrische Grundformen als Gestaltungsmittel

– Ihnen liegt eine Reproduktion eines barocken Ölgemäldes vor. Bestimmen und erklären Sie die Gattung des Bildes und weisen Sie drei typische Gestaltungsmerkmale des Barock nach.

Bildgattung:
Bei diesem Bild handelt es sich um ein Vanitasstillleben. Der Begriff Stillleben kommt aus dem Niederländischen und bedeutet die bewusste Anordnung und Darstellung lebloser Gegenstände nach ästhetischen Gesichtspunkten (z. B. Farbe, Licht). Ein Vanitasstillleben stellt eine Sonderform dar, weil den dargestellten Gegenständen eine bestimmte Bedeutung zugeordnet wird. So steht ein Schädel als Symbol für Tod und Vergänglichkeit, ein umgekipptes Weinglas für Verschwendungssucht und Überschwang.

Gestaltungsmerkmale: – theatralische Lichteffekte
                                 – feine, realistische Stofflichkeit
                                 – bewegte Komposition (Betonung der Diagonalen)

4. Architektur des Klassizismus

Beschreiben Sie Wirkung und Gesamteindruck klassizistischer Bauwerke.

Klassizistische Bauwerke haben immer eine repräsentative Wirkung, schon weil sie oft an exponierter Stelle stehen oder durch Treppensockel hervorgehoben werden. Dabei strahlen sie Ruhe, Harmonie und Erhabenheit aus. Das liegt an der ausgewogenen, symmetrischen Anordnungen der einzelnen Bauelemente.

5. Malerei der Romantik

– *Nennen Sie drei typische Vertreter und je ein Werk.*

Künstler	Werk
C. D. Friedrich	Kreidefelsen auf Rügen
Ph. O. Runge	Die Hülsenbeckschen Kinder
W. Turner	Das brennende Schiff

– *„Die Kunst ist die Mittlerin zwischen Mensch und Natur." (C. D. Friedrich). Erläutern Sie diese Aussage.*

Die Maler der Romantik sahen im Gegensatz zu den Klassizisten die Natur als etwas Beseeltes, Göttliches. Der Mensch ist dieser Natur nicht mehr überlegen, sondern eng verwoben, ja sogar hilflos ausgeliefert. In ihren Bildern versuchen sie dies auszudrücken. Oft sind die Bilder menschenleer oder die Menschen nur von hinten zu sehen (Friedrichs Wanderer über dem Nebelmeer).

6. Malerei des Realismus

Nennen Sie typische Bildinhalte und erläutern Sie, warum diese teilweise für Aufsehen in der damaligen Bevölkerung sorgten.

– Alltägliche Situationen
– Menschen bei der Arbeit
– bürgerliches Porträt
– Darstellungen aus dem Industriemilieu

Vor allem die Darstellung der einfachen Arbeiterbevölkerung als bildwürdiges Motiv sorgte für erhebliches Aufsehen, weil bis dahin nur höher gestellte Persönlichkeiten dargestellt wurden. Darüber hinaus verzichteten die Maler auf jede Idealisierung, sondern versuchten objektiv nur das abzubilden, was sie sahen – auch das Hässliche. Damit provozierten sie, denn bislang galt die Auffassung, dass Kunst nur Schönes und Erhabenes darstellen sollte.

7. Malerei des Impressionismus und Postimpressionismus

– *Erklären Sie, inwieweit die Erfindung der Fotografie den Malern neue Möglichkeiten und Freiheiten ermöglichte.*

Durch die Erfindung der Fotografie entfielen die langen Porträtsitzungen. Viele Künstler arbeiteten nach den Fotografien. Vor allem waren die Maler durch die Fotografie vom Zwang des naturalistischen Abbildens entbunden und konnten sich mehr auf andere Gestaltungsmittel konzentrieren (Licht und Komposition). Daneben dienten Fotografien auch als Skizzen, die dann im Atelier ausgearbeitet wurden.

– *Nennen Sie vier impressionistische Künstler und je ein Werk.*

Künstler	Werk
C. Monet	Impression Sonnenaufgang
C. Pissaro	Boulevard des Capucines
P.-A. Renoir	Frühstück der Ruderer
E. Manet	Frühstück im Freien

– *Weisen Sie anhand der vorliegenden Abbildung eines impressionistischen Gemäldes drei typische Gestaltungsmittel nach.*
  – rhythmischer, kommaartiger Farbauftrag
  – Verwendung reiner Farben, die erst auf dem Bildträger gemischt werden
  – ausschnitthafte Komposition

8. Malerei des Expressionismus

– *Beschreiben Sie zeitgeschichtliche und gesellschaftliche Hintergründe, die den Expressionismus beeinflussten. Gehen Sie dabei auch auf Wegbereiter der Stilrichtung ein.*

Die Zeit des Expressionismus war eine der gesellschaftlichen und industriellen Umwälzungen (Technisierung). Die Begeisterung gegenüber dem technischen Fortschritt wich einer Existenzangst und führte zu sozialen Spannungen, die sich zum Teil als Auflehnung gegen die Obrigkeit äußerten. Der 1. Weltkrieg war das bestimmende Ereignis dieser Zeit. Als Wegbereiter galten Cézanne und Vincent van Gogh, aber auch Paul Gauguin, die durch ihre Malweise und Lebenseinstellung viele Expressionisten prägten. Darüber hinaus beeinflussten Kinderzeichnungen und die aus den Kolonien mitgebrachten Kunstgegenstände der Naturvölker die expressionistischen Künstler wegen des unverfälschten Ausdrucks von Gefühlen.

– *Der Expressionismus geht zwar aus dem Impressionismus hervor, unterscheidet sich aber. Erläutern Sie diese Aussage, indem Sie stichpunktartig die Stilmerkmale des Expressionismus in Abgrenzung zum Impressionismus charakterisieren.*

	Impressionismus	Expressionismus
Bevorzugte Bildinhalt	• Lichtdurchflutete Landschaft • Stillleben • Industriemilieus	• Großstadtszenen • Bilder von Kranken • Porträts
Farbe	• Kommaartiger Duktus • Farben vermischen sich erst auf der Palette • helle Farbpalette	• Ausdrucksfarbe • kontrastreiche Farbwahl • flächiger Farbauftrag
Form	• Auflösung der Form in Punkte, Striche • keine strukturierte Stofflichkeit	• Keine realistische Ausarbeitung • grobe, verzerrte Formen

9. Malerei des Kubismus

– Ordnen Sie das vorliegende Bild dem analytischen oder synthetischen Kubismus zu und begründen Sie Ihre Aussage, indem Sie typische Merkmale der Stilrichtung beschreiben.

Das Bild ist dem Analytischen Kubismus zuzuordnen. Die prismatische Zerlegung des Motivs in geometrische Grundformen und die Reduzierung der Farbigkeit auf Grau- und Brauntöne sind typische Gestaltungselemente dieser Strömung, die sich am Bild gut ablesen lassen. Darüber hinaus lassen sich auch die so genannte Multiperspektive, die Darstellung eines Gegenstandes von mehreren Seiten gleichzeitig, sowie die Aufhebung der Räumlichkeit nachweisen, denn Bildmotiv und Hintergrund verschwimmen ineinander.

– Erklären Sie den Begriff Abstraktion.

Unter Abstraktion versteht man die Vereinfachung der bildnerischen Formen auf wesentliche, markante Formen. Oft wird Abstraktion auch ganz allgemein als Gegensatz zu Gegenständlichkeit verstanden.

10. Malerei des Surrealismus

– Charakterisieren Sie zwei Grundgedanken dieser Kunstrichtung. Gehen Sie dabei auch auf den zeitgeschichtlichen Hintergrund ein.

Auch für die Surrealisten sind die Geschehnisse des 1. Weltkrieges und seine Folgen ausschlaggebend. Als Reaktion auf die Brutalität entwickelt sich die Strömung des Dadaismus. Die Künstler dieser Richtung lehnen sich gegen die bürgerliche Gesellschaft auf, die sie absurd finden. Die Dadaisten sind Vorbilder für die Surrealisten. Ein Grundgedanke des Surrealismus ist die Macht des Traumes und des Unterbewussten. Ausgelöst durch Freuds Psychoanalyse brachten sie Wahnvorstellungen, Fantasien und Traumbilder zum Ausdruck. Ein weiterer Gedanke ist die Darstellung der Absurdität der Wirklichkeit. So werden mit den traditionellen Mitteln der naturalistischen Malerei irritierende Bildwelten erschaffen, um bewusst Denkprozesse zu durchbrechen.

– Nennen Sie vier surrealistische Künstler und je ein Werk.

Künstler	Werk
S. Dali	Metamorphose des Narziss
M. Ernst	Europa nach dem Regen
G. de Chirico	Das Denkmal
R. Magritte	Ceci n'est pas une pipe

Albrecht Dürer, Selbstbildnis im Pelzrock (1500)

Albrecht Dürer, Selbstbildnis mit Landschaft (1498)

IKEA-Werbung

Leonardo da Vinci, Madonna mit der Nelke (1478)

Bartolomé Estéban Murillo, Buben beim Würfelspiel (ca. 1665)

Pierre-Auguste Renoir, Das Frühstück der Ruderer (1881)

B6

Camille Pissarro, Boulevard des Capucines/Montmartre (1897)

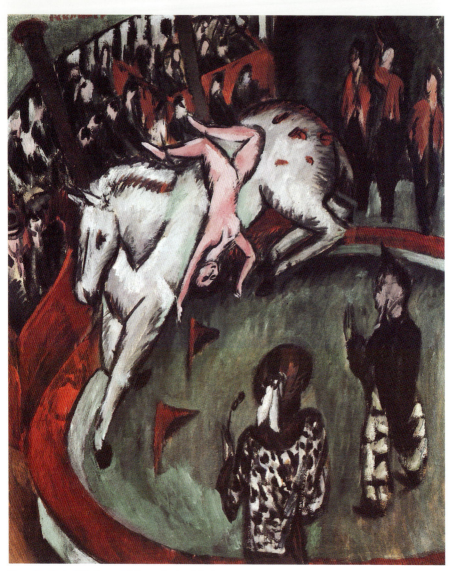

Ernst Ludwig Kirchner, Zirkusreiterin (1912)

I. Kunstgeschichte: Malerei der Renaissance

An der Wende zum 15. Jahrhundert begannen die Maler in Italien sich von mittelalterlichen Bildformen zu lösen.

1. Stellen Sie dar, welche kulturgeschichtlichen Veränderungen zur damaligen Zeit für den Wandel in der Kunst verantwortlich waren.

2. Die Wiedergabe räumlicher Tiefe spielt in den Bildern der Renaissance eine bedeutende Rolle. Legen Sie dar, welche neuen Erkenntnisse bei der Raumdarstellung zum Tragen kamen.

3. Die Darstellung des Menschen stand in der Renaissance im Mittelpunkt. Zeigen Sie auf, wie dieses neue Menschenbild in der Malerei verwirklicht wurde.

II. Kunstbetrachtung: Bildvergleich: Lucas Cranach/Pablo Picasso

Ihnen liegen die Reproduktionen des Porträts „Bildnis einer Dame" von Lucas Cranach dem Jüngeren aus dem Jahr 1564 und eines Farblinolschnittes „Weibliche Halbfigur nach Lucas Cranach" von Pablo Picasso aus dem Jahr 1958 vor.

1. Analysieren Sie beide Bilder nach
   a) Farbgebung und Kontrasten,
   b) Plastizität und
   c) Bildaufbau,
   indem Sie Ähnlichkeiten und Unterschiede herausarbeiten.

2. Erläutern Sie kurz die Herstellung eines einfachen Linolschnitts, wobei die typischen Merkmale dieser Technik hervorzuheben sind.

Lucas Cranach d. J., Bildnis einer Dame (1564); Mischtechnik auf Holz, 83 × 64 cm; Wien, Kunsthistorisches Museum; www.visipix.com

Pablo Picasso, Weibliche Halbfigur nach L. Cranach d. J. (1958);
mehrfarbiger Linolschnitt (5 Platten: schwarz, rot, gelb, ocker, blau), 65 × 53,5 cm;
© Succession Picasso / VG Bild-Kunst, Bonn 2006

2000-3

Lösungsvorschlag

I. Kunstgeschichte: Malerei der Renaissance

1. Die mittelalterliche Kunst sah den Sinn des Lebens in der Vorbereitung auf das Jenseits. In der späten Gotik wandten sich die Maler von der eher symbolischen Darstellung religiöser Werte und Traditionen ab und der Wirklichkeit zu.
Jetzt sah der Mensch sich selbst und seine Umwelt neu und suchte die Freude am Diesseits.
Das Studium antiker Schriften und viele Ausgrabungen römischer Skulpturen und Gebäude setzten eine Welle der Antikenbegeisterung in Gang. Man sah dieses nationale Erbe, nachdem es etwa 1 000 Jahre nicht beachtet worden war, als Quelle für Harmonie und Schönheit. Das Bildungsideal der griechisch-römischen Antike, nämlich die Vervollkommnung des Menschen, macht den Humanismus aus.
In Italien waren einige Stadtstaaten zu großer politischer und finanzieller Unabhängigkeit aufgestiegen. Sie wetteiferten im Handel, durch Universitätsgründungen und auf allen Gebieten der Kunst miteinander. In Florenz waren die Bedingungen für neue Ideen und großzügige Aufträge am Beginn des 15. Jahrhunderts besonders günstig. Es gab zwar eine Hierarchie von Patriziern, Bürgern und Tagelöhnern, aber ein Aufsteigen von begabten Leuten war möglich. Die Künstler lebten nicht mehr in der Anonymität der Handwerkszünfte sondern genossen als namentlich bekannte Persönlichkeiten hohes Ansehen.

2. Die Staffelung von Vorder-, Mittel- und Hintergrund und die Überschneidung der hinteren Bildteile reichte zur Darstellung der Räumlichkeit nicht mehr aus.
Mit der Erfindung der Zentralperspektive gelang es, einen zentralen Fluchtpunkt zu konstruieren, in dem sich alle parallel in die Tiefe laufenden Linien treffen, und das genaue Verkleinerungsverhältnis der nach hinten geordneten Gegenstände zu berechnen. So wurde es möglich, auf der zweidimensionalen Bildfläche die Illusion eines dreidimensionalen Tiefenraumes zu erwecken.
In der Hochrenaissance verfeinerten die Maler die räumliche Wirkung noch durch die Luft- und Farbperspektive. Luftschichten lassen in der Entfernung die hinteren Bildteile verschwommen erscheinen. Dunstschleier bezeichnet man als „sfumato".
Mit Farbperspektive meint man das „Verblauen" der Ferne. Man erzielt Tiefenwirkung durch Farbe, indem man die nahen Gegenstände in warmen, kräftigen Farben darstellt und die entfernten in kalten, blassen.

3. Im Zuge des Humanismus wurde das Individuum, die Persönlichkeit entdeckt. Der Mensch wurde in den Mittelpunkt der Schöpfung gestellt, als Ebenbild Gottes und Maß aller Dinge.
Ideal war der universell gebildete und vielseitig begabte Mensch. Hochgestellte Personen umgaben sich gerne mit Dichtern, Künstlern, Wissenschaftlern und Universal-Genies.
Die Porträtkunst blühte auf: Hier schreckte man auch vor schonungsloser Darstellung hässlicher Gesichtszüge nicht zurück. Idealisierte Traumlandschaften, die oft in fensterartigen Ausschnitten den Hintergrund bilden, veredeln das Antlitz.
Das neue Körpergefühl verlangte auch anatomische Studien. Lebensechte Aktdarstellungen (Adam und Eva) zeigen eine Befreiung des Fleischlichen vom Sündhaften der Nacktheit.
Oft dienten antike Skulpturen als Idealbild von Menschen und Heiligen.

II. Kunstbetrachtung: Bildvergleich: Lukas Cranach/Pablo Picasso

1. a) Die beiden Damenbildnisse zeigen ähnliche Farbgebungen und Kontraste. Der warme Farbklang Goldgelb-Ziegelrot wird durch den extremen Hell-Dunkel-Kontrast noch leuchtender.

   Bei Lukas Cranach steht die Dame vor einem zart blauen Hintergrund, der bei Picasso in weiß-blauen Bahnen unter einer gelben Fläche hervorsticht. An den Ärmeln, die Cranach in Weiß lasiert hat, lässt Picasso den Komplementärkontrast Blau-Grün zum roten Rock erscheinen.

   b) Cranach modelliert seine Dame seltsam puppenhaft mit zart abschattierten Fleischfarben an Gesicht und Händen vor einer dunklen Draperie und einem schemenhaften Schatten. Die modische Gestaltung von Schmuck und Kleidung steht im Kontrast zum psychologisch fein beobachteten Ausdruck des Gesichts, das auch von einer größeren plastischen Qualität zeugt als die eher schematisch gemalten Flächen der Stoffe und die Goldornamente. Die Plastizität der modellierten Formen bei Cranach wird von Picasso in grafische Strukturen auf raumlosen Flächen umfunktioniert. Die Geschlossenheit des Gesamteindrucks bleibt durch die Übernahme der ornamentalen Details bestehen.

   c) Picassos Linolschnitt als spiegelverkehrter Abdruck der gleichen Bildidee hält sich im Wesentlichen an die Cranach'sche Komposition. Das klassische Dreiviertel-Porträt ist mittig ins Bild gesetzt. Der ausladende Rock bildet eine tragende Kuppel für die eng geschnürte Taille und die Rundungen und Ketten des Oberteils, auf dessen schlankem Stehkragen das Gesicht thront. Ein schwarzes Barett sitzt deckelartig auf der hohen Stirn und der kostbaren Frisur.

   Picassos Veränderungen konzentrieren sich auf die Aufsplitterung und Verwandlung des Damengesichts. Der spielerische Umgang mit der Technik des Linolschnitts drückt seine ungeheure Vitalität im Gestalten aus.

   In beiden Versionen erhöhen die schwarzen Flächen links und rechts im Hintergrund die Spannung im Bild und erzeugen zusammen mit der Kopfbedeckung einen kompositorischen Druck auf die zentrale Figur.

2. Man entwirft die Komposition mit Bleistift oder Folienschreiber auf die Linolplatte. Die nicht druckenden Stellen werden mit dem Geißfuß umrandet, um die glatten Konturen der Druckfläche zu gewährleisten. Mit dem Hohleisen, U-Messer oder Flachausheber nimmt man die größeren nicht druckenden Flächen heraus. Beim Weißlinienschnitt schneidet man feine Linien in den schwarzen Grund, während beim Schwarzlinienschnitt schmale Stege in der weggeschnittenen Fläche stehen bleiben.

   Mit einer eingefärbten Handwalze beschichtet man die hochstehenden Teile der Linolplatte gleichmäßig mit Druckfarbe und presst sie mithilfe der Handfläche, eines Falzbeins oder einer sauberen Walze auf ein saugfähiges Papier.

I. Kunstgeschichte: Malerei des Impressionismus

Die Künstler des Impressionismus beschritten neue künstlerische Wege und gaben damit bahnbrechende Impulse für die moderne Malerei.

1. Beschreiben Sie Hintergründe und Einflüsse, die zur Entstehung der impressionistischen Malerei führten.

2. Nennen Sie Motive, Bildgattungen und bekannte Künstler des Impressionismus.

3. Charakterisieren Sie die Neuerungen in Malweise und Farbgebung.

4. Erläutern Sie, wie die Pointillisten die Malweise der Impressionisten systematisch weiterentwickelten.

II. Kunstbetrachtung: Malerei des Impressionismus / Bildvergleich

Ihnen liegt die Reproduktion des pointillistischen Bildes „Ein Sonntagnachmittag auf der Insel Grande Jatte" von Georges Seurat aus dem Jahr 1885 vor. Es ist ca. 2 Meter mal 3 Meter groß und befindet sich heute im Besitz des „Art Institute", Chicago.

1. Analysieren Sie das Bild hinsichtlich der Maltechnik und der farblichen Gestaltung.

2. Zum Vergleich liegt Ihnen ein Foto vor, das einen Strand auf Mallorca zeigt. Vergleichen Sie beide Abbildungen und gehen Sie dabei auf Inhalt und Stimmung, bzw. Wirkung ein.

Georges Seurat, Ein Sonntagnachmittag auf der Insel Grande Jatte (1884/85);
Öl auf Leinwand, 205,9 × 305,8 cm; Chicago, The Art Institute, Slg. Helen Birch Barlett;
www.visipix.com

Foto: Strand von Mallorca

I. Kunstgeschichte: Malerei des Impressionismus

1. Wollte man im Realismus noch „realistische" und detailgetreue Darstellungen vom Alltag der unteren Bevölkerungsschichten, vor allem der Land- und Fabrikarbeiter, zeigen, so machte die um die Mitte des 19. Jahrhunderts weit verbreitete Fotografie diese zeitraubende Maltechnik überflüssig. Auch hatte das soziale Engagement abgenommen. Man fühlte sich, vielleicht als Reaktion auf die Zwänge des Alltags, mehr von den schönen Dingen des Lebens angezogen und suchte – ähnlich dem ausgehenden Rokoko – den flüchtigen Reiz, den auch die neuen schnappschussartigen Momentaufnahmen vom Pariser Gesellschaftsleben oder von ganz privaten Ereignissen boten. Die Fotografie nahm zwar den Malern die kleinen Porträtaufträge ab, lieferte ihnen aber dafür vielseitige Anregungen. Man konnte sich Kompositionsskizzen und Detailstudien sparen, man brauchte Kunden nicht so lang und so oft Modell sitzen zu lassen und man übernahm von der Fotografie die ungewöhnlichen Bildausschnitte.
Auch die japanischen Farbholzschnitte, die durch die neuen Handelsbeziehungen mit dem fernen Osten in vielen Metropolen angeboten wurden, begeisterten die Maler wegen ihrer spannungsreichen, flächigen Kompositionen aus ungewöhnlichen Blickwinkeln. Vor allem interessierte man sich für neue Darstellungsmöglichkeiten des Lichts, die man am besten unter freiem Himmel ausprobieren konnte. Die Freilichtmalerei bedingte eine schnellere Arbeitsweise und ermöglichte eine intensivere Auseinandersetzung mit der Natur.
Vorbilder waren die Engländer John Constable und William Turner. Die Mitglieder der „Schule von Barbizon" verbanden die sozialkritischen Motive der Realisten mit einer aufgelockerten freieren Malweise. Man erkannte, dass das Aufhellen mit Weiß die Farben „entfärbt" und das Abdunkeln mit Schwarz und Braun die Farben „verschmutzt". Neue Erkenntnisse auf dem Gebiet der Optik und der Farbenlehre forderten die Freilichtmaler geradezu heraus die additive Farbmischung oder den Simultankontrast auszuprobieren. Um die Leuchtkraft der Farben und die Helligkeit des Natureindrucks zu erhalten brauchte man eine neue Art der Malerei.

2. Bei den Landschaften waren Flussufer oder Teiche mit reflektierender Wasseroberfläche und im Wind bewegtes Blattwerk, Pappelalleen in blühenden Wiesen, aber auch Parks und Gärten mit fröhlich bewegten Menschen, besonders beliebte Motive. Das Stadtleben mit seinen eleganten Boulevards, öffentlichen, belebten Plätzen und seinen Theatern, Kneipen und Bahnhöfen, zeigt auch den technischen Fortschritt von der Droschke zum Automobil, den optischen Reiz von Dampfloks und Straßenlaternenlicht auf regennassem Kopfsteinpflaster. Serien des gleichen Motivs zu verschiedenen Tages- und Jahreszeiten wurden von Claude Monet gemalt: der Bahnhof St. Lazare, die Kathedrale von Rouen, Heuhaufen, Seerosenteich ...
Viele Motive wurden durch die Fotografie erst möglich. Edgar Degas bevorzugte Ausschnitte von Pferderennen und Ballettproben. Porträts und Akte in natürlichen Bewegungen stellte vor allem Auguste Renoir in zarten Perlmuttfarben dar.
Edouard Manet verzichtete in seinen Gesellschaftsbildern nie ganz auf schwarze Konturen. Der Holländer Vincent van Gogh malte in seiner Pariser Zeit impressionistisch, der Berliner Max Liebermann bevorzugte nordische Landschaften.

3. Die Impressionisten gingen fast täglich mit ihren Staffeleien auf die Straßen, in die Parks von Paris oder in die nähere Umgebung, um die Veränderungen des Lichts auf den Gegenständen zu beobachten und wiederzugeben. Meist war das Wetter windig und wechselhaft, deshalb mussten die Formate klein und die Malweise schnell und wirkungsvoll sein. Lichtreflexe, Spiegelungen im Wasser oder fleckig beleuchtete Baumkronen wurden in ihren kontrastierenden Teilfarben kommaartig, je nach Temperament auch wild bewegt, direkt aus der Tube oder mit Borstenpinseln auf die weiße, zum Teil durchscheinende Grundierung aufgetragen. Bei sonnigen Partien dominieren die warmen, in Schattenzonen die kalten Spektralfarben, oft aufgefrischt durch Sprenkel in Komplementärfarben. Reine Farben, fast ungemischt auf die weiße Leinwand getupft oder gestrichelt, erzeugen bei einiger Entfernung im Auge des Betrachters eine optische Farbmischung. Der Maler musste also bei der Arbeit häufig einige Schritte zurücktreten und die Augen zusammenkneifen, um die gewünschte Farbigkeit und einen lebendigen Gesamteindruck zu erzeugen.

4. Die Pointillisten studierten alle aktuellen Farbtheorien und stellten verbindliche Regeln der Farbbehandlung auf. Die Zerlegung des Lichts und der Erscheinungsfarben wurde mit wissenschaftlicher Gründlichkeit betrieben: Mischfarben wie grau und braun wurden verbannt, nur Spektralfarben, allenfalls mit Weiß vermischt, durften verwendet werden. Die individuelle Handschrift der Impressionisten wich einem einheitlichen „Getüpfel" von gleichförmigen, winzigen Farbpunkten. Die zum Teil riesengroßen Formate in ihrer zeitaufwändigen Punktmalerei konnten natürlich nur nach gründlichen Studien im Atelier bewältigt werden.

II. Kunstbetrachtung: Malerei des Impressionismus/Bildvergleich

1. Seurat hat sein großformatiges Bild aus unzähligen kleinen Farbtupfern und Punkten zusammengesetzt, sodass es einem geknüpften oder gewebten Wandteppich ähnelt.
Im vorderen, schattigen Rasenstück flimmern die kalten Grüntöne mit helleren Lichtklecksen wie ein wolliger Flor. Die warmen Gelb-Grün-Töne sonnenbeschienenen Rasens sind gleichmäßiger getüpfelt. Der Fluss wird als flirrende Fläche in blauen Perlmuttfarben dargestellt, in der sich Segelschiffe, Ruder- und Dampfboote spiegeln. Die puppenhaft dargestellten, feiertäglich gekleideten Menschen, überwiegend in Rot, Blau, Weiß und Schwarz, bilden meist Silhouetten und eine rhythmische Komposition mit den Bäumen. Auch die Tiere werden als flache Schablonen in Bewegung gezeigt. Die Feinabstufung der Farben schafft bei den Figuren eine weiche Modellierung und dient der Abgrenzung von Formen.

2. Der Urlaubsschnappschuss von einem überfüllten Strand in einer Bucht auf Mallorca zeigt uns leichtbekleidete Menschen vor einer monotonen Hochhausarchitektur, die genormte Massenquartiere erahnen lässt. Im Meer planschende Gäste sind als anonyme Punkte abgebildet.
Die ungezwungene Atmosphäre steht in starkem Kontrast zum feierlichen Promenieren im Seurat-Bild. Hier spürt man die sorgfältig gehütete Blässe, geschützt durch Sonnenschirme, Hüte und schattenspendende Bäume, während auf dem Mallorca-Foto das gemeinsame Bräunen in der Mittelmeerhitze und das lockere Strandleben Sportlichkeit vortäuschen soll.
Ähnlichkeit in der Aussage beider Bilder bestehen durch die Isolation der dargestellten Menschen: alle Personen schauen in auffallender Teilnahmslosigkeit aneinander vorbei.

I. Kunstgeschichte: Malerei des Kubismus

Der Kubismus ist eine bedeutende Kunstrichtung zu Beginn des 20. Jahrhunderts.

1. Legen Sie dar, an welchen Vorbildern sich die Vertreter des kubistischen Malerei orientierten.

2. Der Kubismus gliedert sich in zwei Entwicklungsabschnitte.
   Charakterisieren Sie jeweils typische Merkmale und nennen Sie wichtige Maler.

3. „Der Kubismus stellt einen Schritt zur abstrakten Malerei dar".
   Erläutern Sie diese Aussage.

II. Kunstbetrachtung: Bildvergleich: Malerei der Romantik / des Expressionismus

Ihnen liegen die Reproduktionen zweier Bilder vor, die Schweizer Gebirgslandschaften zeigen:

Romantik: Joseph Anton Koch: „Der Schmadribachfall" (1821/22), Öl auf Leinwand, 131,8 × 110 cm, Neue Pinakothek

Expressionismus: Ernst Ludwig Kirchner: „Davos im Schnee" (1923), Öl auf Leinwand, 121 × 150 cm, Basel, Kunstmuseum

1. Vergleichen Sie beide Bilder hinsichtlich
   a) Farbe und Malweise
   b) Darstellung und Auffassung von Landschaft.

2. Beschreiben Sie die Wirkung beider Bilder auf Sie und begründen Sie Ihre Aussage.

Das Bild „Davos im Schnee" von Ernst Ludwig Kirchner
(1923; Öl auf Leinwand, 121 × 150 cm)
kann hier aus Kostengründen leider nicht abgedruckt werden.

Du findest es beispielsweise im Internet unter:
http://germanisztika.arts.unideb.hu/KunstundNatur.htm#_Toc62130300.
Sicher ist dir auch dein/e Kunstlehrer/in bei der Recherche behilflich.

Joseph Anton Koch, Der Schmadribachfall (1821/22); Öl auf Leinwand, 131,8 × 110 cm; München, Neue Pinakothek; www.visipix.com

Lösungsvorschlag

I. Kunstgeschiche: Malerei des Kubismus

1. Um die Wende zum 20. Jahrhundert konnte man immer mehr „Primitive" Kunst aus Afrika und Ozeanien in reich ausgestatteten Völkerkundemuseen und im Kunsthandel sehen. Nach Paris kamen auch viele Eingeborene aus den französischen Kolonien, die Ritualmasken und Ahnenfiguren ihres Stammes auf Flohmärkten anboten. Die starke magische und plastische Wirkung der geometrisch gesteigerten Gesichts- und Körperformen veränderte die Sehweise der Kubisten der ersten Stunde.

   Diese plastischen Eindrücke verband Picasso mit den späten Malereien Cézannes, die 1907 in einer Gedächtnisausstellung gezeigt wurden. Besonders seine, von verschiedenen Standpunkten aus konstruierten, Stilleben und die verschachtelten südfranzösischen Bergdörfer enthielten kristalline Vorformen des Kubismus. Picassos 1907 entstandene „Demoiselles d'Avignon" („Fräulein von Avignon") ähneln in Farbe und Form den „Großen Badenden" von Cézanne, nur die Köpfe der drei Randfiguren erinnern an afrikanische oder ozeanische Plastiken.

2. Der Kubismus gliedert sich in zwei Hauptphasen:

   Im **analytischen Kubismus** werden die natürlichen Formen in ihre plastischen Elemente, hauptsächlich geometrische Körper zerlegt, aufgebrochen und facettenartig, in aufgesplitterten Flächen wieder zusammengesetzt. Teile von Stilleben, Porträts oder Landschaften werden gleichzeitig in verschiedenen Ansichten wiedergegeben (= Multiperspektive). Pablo Picasso und Georges Braque, die damals eng zusammenarbeiten, beschränken sich bewusst auf die Farben Ocker, Braun und Grau, um sich mehr auf die Form zu konzentrieren. Die Formen des Bildmotivs gehen übergangslos in das Liniengefüge des Hintergrundes über. Je mehr die Motive aufgesplittert und miteinander verflochten und verzahnt werden, desto verschlüsselter und schwieriger nachvollziehbar wird die künstlerische Aussage.

   Synthetischer Kubismus: Um die Bilder spannender und wieder sinnlich erfahrbar zu machen setzen Picasso und Braque seit 1912 in ihre frei komponierten Stilleben reale Gegenstände ein, z. B. gemalte oder geklebte Zeitungsausschnitte, Stofffetzen, Spielkarten und prägnante Materialstrukturen. Damit ist die Collage erfunden. Die Farbigkeit der Malerei wird auf die Collageteile abgestimmt.

   Fernand Leger und Juan Gris beginnen jeder in seiner eigenen Art kubistisch zu malen. Seit 1913 beteiligt sich Juan Gris aktiv an den Bemühungen von Picasso und Braque und erreicht ähnliche Ergebnisse.

   Der Deutsch-Amerikaner Lyonel Feininger und einige Expressionisten wie August Macke und Franz Marc übernehmen kubistische Elemente.

3. Jede Kunst setzt eine geistige Abstraktion voraus. Der Künstler filtert die Merkmale der Natur heraus, die seine Fantasie oder sein ordnender Verstand in eine Bildidee umsetzen kann. Im Idealfall arbeitet er das Wesentliche und allgemein Gültige heraus, das dann auch für sein Publikum ohne viele Erklärungen ersichtlich und verständlich ist. Schon der geometrische Stil bei den alten Griechen zeigt die geistige Konzentration auf das Wesentliche und die Umsetzung vom Abbild der geschauten Wirklichkeit in heute noch nachvollziehbare Zeichen. Im Kubismus werden Farben und Formen von ihrer gegenständlichen Gebundenheit gelöst, Umrisslinien, Kontraste, Strukturen oder Schriftzeichen sind zu freien bildnerischen Elementen geworden, die der Künstler nach Belieben einsetzen kann, um zu einer neuen Bildidee zu gelangen.

II. Kunstbetrachtung: Bildvergleich: Malerei der Romantik/des Expressionismus

1. a) J. A. Koch malt seinen „Schmadribachfall" in den harmonischen Farben der herbstlichen Hochgebirgslandschaft.

   Im oberen Drittel des Bildes dominiert der Farbklang Blau-Weiß-Rosa, schattige Felsabhänge sind in Grün abgetönt. Der mittlere Querstreifen zeigt Grün in allen Tönungen, links unten flammt Rostrot und Goldocker auf, während das gischtende Wasser rechts in Türkis dargestellt ist.

   Alle Strukturen und Schattierungen – ob nebensächlich oder wichtig – sind in der gleichen Deutlichkeit und Naturgetreue mit feinsten Pinseln und mehreren Übermalungen, d.h. in einer langwierigen, altmeisterlichen Technik im Atelier durchgeführt worden.

   Bei E. L. Kirchner werden die Farben der verschneiten Hänge zu grellen Farbkaskaden gesteigert: alle Grundfarben, meist mit Weiß gemischt, bei den Bäumen und an den Häusern auch „knallig" aufgetragen. Die Komplementärfarbenpaare Gelb – Violettblau, Rot – Cyanblau und Purpur – Grün bringen die größtmöglichen Kontraste.

   Die großen, hintereinander gestaffelten Flächen zeigen eine sehr grobe Malweise mit breitem Pinsel. Farbschattierungen ergeben sich durch Aufhellen mit Weiß und durch streifiges Einmalen der Nachbarfarbe. Auf Konturen kann Kirchner hier meist verzichten, weil sich die Farbflächen gegeneinander stark abheben.

   b) J. A. Koch hat seinen „Schmadribachfall" sehr realistisch und detailgetreu wiedergegeben. Der Raum wird durch nach oben gestufte Schichten dargestellt. Es entsteht eine bühnenbildartige Wirkung.

   Die romantische Landschaft zeigt in der großartigen Gebirgswelt die göttliche Allmacht der Natur im Kontrast zur Kleinheit des Menschen. Man bestaunt die Wasserkraft, die aus den Wasserfällen und der Schneeschmelze der Bergriesen kommt und Mensch und Tiere umtost.

   Kirchner wählt ein Breitformat. Er verzichtet auf jede räumliche Darstellung und gibt in seinem Gebirgsbild den unmittelbaren Ausdruck seiner aufgewühlten Gemütsverfassung wieder. Er war mit einer schweren Depression aus dem 1. Weltkrieg zurückgekommen. Als einer der produktivsten Maler der „Brücke" stand er sicher unter großem psychischen Druck und versuchte seine Schaffenskraft zu steigern. Durch gute Aufträge in der Schweiz und die Vermittlung von Kunstfreunden konnte er in Davos lange medizinisch betreut werden.

2. Der „Schmadribachfall" wirkt großartig in seiner Perfektion, frisch und ursprünglich in seinen Motiven und Farben, aber natürlich auch „altmodisch" und unserer Zeit entrückt.

   Das „Davos-Bild" leuchtet in rauschhaften Farben. Wir sehen die Alpenwelt in glühenden Farben wie elektrisiert unter Infrarotlicht, auf jeden Fall in bester Stimmung. Die dynamischen Formen der Schneehänge umrahmen das Dorf und schaffen einen Ort der Geborgenheit.

I. Kunstgeschichte: Malerei der Renaissance

Die Renaissance gilt als Zeitepoche der geisteswissenschaftlichen, naturwissenschaftlichen und gesellschaftlichen Neuerungen.

1. Zeigen Sie auf, inwiefern die neue Geisteshaltung Veränderungen in der Malerei der Renaissance begünstigte. Gehen Sie dabei auf folgende Gesichtspunkte ein:
   a) allgemeine Lebensauffassung,
   b) Stellung des Künstlers,
   c) neue Auftraggeber.

2. Erläutern Sie die wichtigsten Entwicklungen der Malerei der Renaissance hinsichtlich
   a) der Bildkomposition,
   b) der Raumdarstellung.

3. Nennen Sie drei bedeutende Maler der Renaissance und jeweils zwei ihrer bekanntesten Werke.

II. Kunstbetrachtung: Bildvergleich:
Renaissance (Albrecht Dürer)/Expressionismus (George Braque)

Setzen Sie sich mit den Ihnen vorliegenden Reproduktionen „Arco" von Albrecht Dürer (1495; Aquarell; 22,3 cm × 22,2 cm) und „La Calanque – Temps gris (La Calanque – graue Zeit) von George Braque (1907; Ölgmälde; 60 cm × 73 cm) aus seiner expressionistischen Phase in Form einer vergleichenden Bildbetrachtung auseinander.

1. Fertigen Sie zu beiden Bildern Kompositionsskizzen mit Erläuterungen an.

2. Vergleichen Sie in beiden Bildern die Darstellung von Räumlichkeit.

3. Beschreiben sie Malweise, Form- und Farbgebung.

4. Zu welchem Zweck wurden die beiden Bilder geschaffen? Begründen Sie Ihre Aussagen.

Albrecht Dürer, Arco (1495), Aquarell; Paris, Louvre; www.visipix.com

Georges Braque, La Calanque – Temps gris (1907), Ölgemälde; © VG Bild-Kunst, Bonn 2006

Lösungsvorschlag

I. Kunstgeschichte: Malerei der Renaissance

1. a) Allgemeine Lebensauffassung

Die aufblühende Wirtschaft (Handel bis nach Asien) bedingt einen stetigen Aufstieg der Städte und des Bürgertums und bildet so den Hintergrund für geisteswissenschaftliche, naturwissenschaftliche, kulturelle und gesellschaftliche Neuerungen in der Zeitepoche der Renaissance.

Es findet ein Wandel vom auf Gott bezogenen Weltbild zum auf den Menschen ausgerichteten Weltverständnis statt. Mensch und Welt erfahren eine gesteigerte Wertschätzung. Eine Freude am „Diesseits" entsteht.

Gesellschaft und Wirtschaft lösen sich immer mehr von der Kirchenlehre. Ein Ruf nach Reformen wird laut; das Ergebnis ist die Spaltung der Kirche durch die Reformation.

Es erfolgt eine Befreiung der Einzelpersönlichkeit aus mittelalterlicher Anonymität und Gebundenheit.

Begeisterung für antike Kunst und Literatur entsteht. Nach antikem Vorbild ist der Mensch das Maß aller Dinge und wird jetzt zum Abbild Gottes auf Erden.

Der Humanismus gewinnt wieder an Bedeutung: Die Würde und Bedeutung des Individuums stehen im Vordergrund. Der Mensch soll seine Gedanken über die Welt frei entfalten. Wissensdrang und Diskussionen sind vorteilhafter als bloßes Hinnehmen von Ideen. ...

Ein Streben nach Erfassung aller Phänomene der diesseitigen Realität führt zu weitreichenden Entdeckungen und Erfindungen: Kompass und brauchbare Seekarten, der Notendruck, die Grundlagen der heutigen Chemie werden bei der Suche nach Gold entwickelt, das Thermometer, aber auch das Sprengpulver werden erfunden. Die Taschenuhr und das Essen mit der Gabel gehören wie die Gewinnung von Roheisen in einem Hochofen und das Verschließen der Kleidung mit Knöpfen ebenfalls zu den Neuerungen der Renaissance, um nur einige Beispiele zu nennen.

Wissenschaftler verlassen sich nicht mehr auf Bücher, sondern stellen Versuche an, wobei das neu entwickelte Mikroskop eine große Hilfe ist. Interesse an der Natur und dem Menschen führen zu Naturstudien. Ein neues Körpergefühl entsteht. Mediziner, aber auch Künstler betreiben anatomische Studien und sezieren sogar menschliche Körper.

Die Darstellung des Menschen erfolgt in voller Natürlichkeit, sodass die Darstellung von Nacktheit aber auch von Hässlichkeit „natürlich" wird.

Die beweglichen Lettern des Johannes Gutenberg führen zur Verbreitung der Bibel und Mädchen aus wohlhabenden Familien lernen lesen und schreiben.

Theaterstücke ohne religiösen Inhalt dürfen aufgeführt werden.

b) Stellung des Künstlers

In der Renaissance lösen sich die Künstler von den Zünften, die für die Vergabe der Arbeiten zuständig sind.

Jedoch wird der Kunstmarkt anfangs immer noch von der Nachfrage, nicht aber vom Angebot bestimmt. Noch hat jedes Kunstwerk seinen genau definierten Gebrauchs- bzw. Verwendungszweck. Doch als später Kunstliebhaber, Kenner und Sammler auftreten, versucht der Künstler sich davon zu befreien.

Ein erhöter Kunstbedarf führt langsam zum Aufstieg der Künstler vom kleinbürgerlichen Handwerker zum Stand des freien geistigen Arbeiters. Er ist nicht mehr anonym, er signiert seine Werke, porträtiert sich und seine Familie und entwickelt seinen eigenen Malstil.

Durch die Lösung von den Fesseln der Kirchenlehre und der Zuwendung zur unmittelbaren Wirklichkeit entstehen immer mehr Arbeiten, die weltliche Themen zum Inhalt haben: Darstellung der Umgebung, schöne Frauen, Ritter, Schlachten, Festlichkeiten, Szenen aus der Geschichte etc.

Doch ist die Emanzipation des Künstlers zunächst keine Folge seines erhöhten Selbstwertgefühls und seines Anspruches mit Dichtern und Gelehrten gleichgestellt zu sein, sondern die Auswirkung der Tatsache, dass er gebraucht wird: Städte konkurrieren miteinander und versuchen mit Fürstenhöfen Schritt zu halten. Der Aufstieg der Künstler drückt sich vor allem in den Honoraren aus.

Freie Arbeiten werden bestellt.

Im Laufe der Zeit entsteht eine unmerkliche Wendung von den Werken zur Person des Künstlers: das Mäzenatentum kommt auf und der Geniebegriff entsteht.

Dieses Genie steht über Tradition, Lehre und Regel, ja über dem Werk selber, sodass das Werk sein Gesetz von ihm erhält: Erhebung der Leistungsfähigkeit über die Leistung.

Die Popularität der Künstler steigt auch beim Volk. Anekdoten und Künstlergeschichten entstehen, Künstlerbiografien werden aufgezeichnet.

Akademien zum Erwerb theoretischer Grundlagen entstehen. Bisher gab es nur eine praktische Ausbildung bei anerkannten Künstlern mit einer Ausbildungsdauer von bis zu 10 Jahren.

Besonders zum Ende des 15. Jahrhunderts hin kommen viele Künstler zu Geld. Teilweise besitzen sie mehrere Häuser oder ein Gut, beziehen feste Gehälter, die ihnen ein sorgenfreies Leben ermöglichen. Sie verkehren selbst mit Fürsten und Kardinälen wie mit ihresgleichen:
– Raffael, der zeitweilig bis zu 50 Gehilfen beschäftigt, bewohnt einen Palast, die Nichte eines Kardinals ist seine Braut.
– Tizian, der wohl zu seinen Lebzeiten erfolgreichste Maler seiner Zeit, wird zum Grafen ernannt und erhält den erblichen Adel. Könige ließen nach ihm bitten oder suchten ihn persönlich auf.
– Michelangelo kann auf ein Honorar für seine Arbeit an St. Peter verzichten.

c) Neue Auftraggeber

Neue Auftraggeber für das Kunstschaffen in der Renaissance waren in erster Linie die durch Wirtschaft und Handel zu Reichtum gekommenen Städte.
Sie konkurrieren untereinander nicht nur durch Förderung der Geisteswissenschaften, sondern auch durch Förderung der Künste auf allen Gebieten.
Neue Auftraggeber waren aber auch reiche Kaufleute, bekannte Bankiersfamilien und wohlhabende Bürger.

2. a) Bildkomposition

Bestimmte Kompositionsprinzipien lassen sich in den Meisterwerken der Renaissance immer wieder feststellen.
Die Bemühung um eine vernunftgemäße, logisch überschaubare Anordnung durchdringt selbst komplizierte und vielfigurige Darstellungen.
Harmonie und Ausgeglichenheit im Aufbau zwischen Senkrechten, Waagerechten und Schrägen beherrschen die Kompositionen, bei denen meist eine klare Staffelung in Vorder-, Mittel- und Hintergrund erkennbar ist. Es folgt eine Festlegung auf einen Betrachterstandpunkt.
Anfänglich gibt es eine Anordnung der Personen im architektonischen Rahmen, eine Landschaft bildet den Hintergrund: die Wirkung ist kulissenartig.
Später wird eine Anordnung von Personen in der Pyramidenkomposition, die zu einem besonderen kompositorischen Gleichgewicht verhilft, bevorzugt. Aber auch die Rautenkonstruktion, Anordnung im Quadrat oder im Rechteck und das mathematisch abgeleitete Harmonieprinzip des „Goldenen Schnittes" finden Verwendung.
Architekturteile bilden häufig den Mittelgrund und wieder wird der Hintergrund durch eine Landschaft gefüllt.
Oft jedoch scheint der Künstler eine komplexe Komposition nur zu dem Zweck erfunden haben, um seine Beherrschung der neu entdeckten Perspektiven zu zeigen.

b) Raumdarstellung

Besondere Bedeutung hat die Erfindung der Zentralperspektive, bei der sich alle parallel in die Tiefe verlaufenden Linien in einem Punkt treffen. Nach hinten angeordnete Personen und Dinge können dadurch gleichzeitig im richtigen Verhältnis verkleinert werden.
Durch die mathematische Konstruktion der Perspektive wird das Bild zu einem Fenster, das einen scheinbar reellen Raum freigibt.
Weitere Neuerungen sind die Farb- und die Luftperspektive.
In der Farbperspektive vergrauen bzw. verblauen die Farben vom Vorder- zum Hintergrund.
Bei der Luftperspektive werden die Gegenstände mit zunehmender Ferne durch die atmosphärische Trübung undeutlicher. Dunstschleier bezeichnet man als „sfumato".

3. Maler und ihre Werke

Raffael – „Vermählung Mariens", „Schule von Athen"
Leonardo da Vinci – „Mona Lisa", „Anna Selbdritt"
Botticelli – „Der Frühling", „Geburt der Venus"

II. Kunstbetrachtung:
Bildvergleich: Renaissance (Albrecht Dürer)/Expressionismus (George Braque)

1. Kompositionsskizzen

Skizze Dürer:

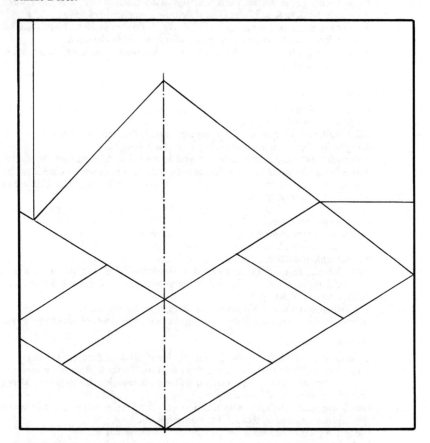

Dürers Aquarell ist in eine für die Renaissance typische Rautenkonstruktion eingebunden.

Die senkrechte Mittelachse ist, vom Betrachter aus gesehen, nach links aus der Mitte versetzt. Eine auffällige Senkrechte am linken Bildrand verläuft dazu parallel.

Skizze Braque:

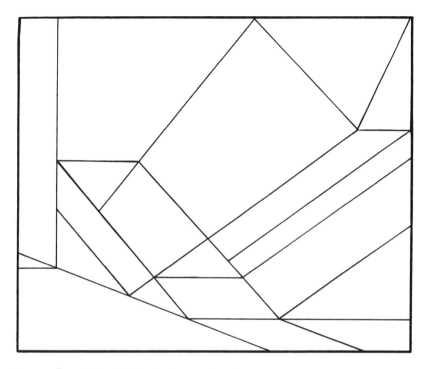

Braques Ölgemälde wird durch einen nach rechts versetzten, an der Spitze gekrümmten Kegel (Adlerschnabel!), dominiert.
Eine große Anzahl von Schrägen unterteilen das Bild in Dreiecke und unsymmetrische Rauten, deren Kanten jedoch durch Bögen und Wölbungen der malerischen Ausführung an Härte verlieren. Eine senkrechte Felsformation bildet den linken Bildrand.

2. Räumlichkeit

Dürer malte eine räumlich kontinuierlich durchgestaltete Landschaft mit großer Raumtiefe.
Es ist eine schrittweise Vermittlung der räumlichen Tiefe vom Vordergrund bis zu den nur noch schwach erkennbaren Hügeln im Hinterland, wobei die Größenverhältnisse der Bäume eine besondere Rolle spielen.
Die perspektivisch durchgestalteten Häuser und Wehranlagen sind wie ein Naturbestandteil in das Bild integriert.
Sich überschneidende Hänge, sich gegenseitig teilweise verdeckende Büsche und Bäume, die angedeutete Schlucht und das ins Bild drängende Wasser geben Braques Gemälde eine gewisse Räumlichkeit.
Raumdarstellung und Proportionen sind jedoch vernachlässigt, sodass Flächenhaftigkeit das Bild beherrscht.
Der helle Himmel drückt die Landschaft in den Vordergrund.

3. Malweise

In Dürers Aquarell überwiegt eine minutiöse Malweise, die besonders Bäume, Häuser und Wehranlagen in Feinmalerei zeigt. Nur die rechts im Hintergrund liegenden Hügel sind kaum durchgestaltet und erscheinen flächig.

Braques spontane, impulsive Malweise, die an verschiedenen Stellen noch die Struktur der Leinwand erkennen lässt, hat in „wilder Kühnheit" mit wenigen Strichen Bäume und Büsche, ein Hausdach und Gemäuer im Vordergrund der Schlucht festgehalten. Ansonsten überwiegen großflächig eingesetzte, umrandete Farbflächen, in denen an einigen Stellen pointilistisch eingesetzte Farbflecken die Fläche auflockern. Einzelheiten sind nicht zu erkennen.

Form

Dürers sonnendurchflutete kristallklare Landschaft hebt sich, im Gegensatz zu Braques wolkigem Himmel, von einem wolkenlosen Himmel ab.

Seine Arbeit lässt eine intensive Beschäftigung bzw. das Studium von Natur und ihren Formen deutlich erkennen. Die genaue Darstellung der Häuser und Wehranlagen ist durch grafische Strukturen geprägt.

In Braques kühner Komposition ist stark der Wille zur Umsetzung der Gegebenheiten ins Künstlerische, eine Entfernung vom Vorbild der Natur zu erkennen: Starke Linien, grobe Umrisse, Vereinfachungen, keine Details.

Farbgebung

Die südlich klare, aber durchaus herbe Stimmung der Dürerlandschaft ist durch wechselnde Ton- und Farbwerte geprägt. Sie reichen vom Silbergrau der Olivenbäume bis zum Gelbgrün der Weinstöcke, vom stein- und erdfarbigen Vordergrund über die unterschiedlichsten Grün- und Olivtöne auf Wiesen- und Felshängen bis zum Violettbraun des Felsmassivs.

Dürer arbeitete mit lasierenden Aquarellfarben, die mit Deckfarbenerhöhungen kombiniert sind. Sie bewirken eine luftige Transparenz des Bildes,

Eine starke subjektive Farbgebung bestimmt Braques Arbeit. Vorsichtige differenzierte Abstufung von Rosa, einem hellen Violett und Grün sind die bestimmenden Farben. Dazwischen rote und orange Farbtöne. Blaue und dunkelviolette Konturen grenzen die Farbflächen der Landschaft voneinander ab.

Die trübe Stimmung des Himmels ist in hellen, mit Weiß abgemischten Blau-, Gelb-, Violett- und Rosatönen festgehalten.

4. Zweck der Bilder

Dürers Aquarell entstand auf der Rückfahrt seiner ersten Italienreise nach intensiver Auseinandersetzung mit der italienischen Kunst.

Es ist eine Loslösung von der bisher rein topografischen Darstellung einer Landschaft.

Das Malen von Aquarellen galt in Dürers Zeit nicht als eigenständige Maltechnik; so ist diese Arbeit eigentlich eine Studie um ihrer selbst willen, an einem interessanten Objekt.

Es war neu, in der freien Natur zu arbeiten und die Landschaft als eigenständiges Thema im Bild festzuhalten.

Braque ging es um das Festhalten des Farbzaubers einer farbigen Sommerstimmung, die trotz des trüben, wolkigen Himmels durchaus vorhanden ist.

Eine Sommerstimmung an der Cotes d'Azur, an der Braque begeistert und mit viel Freiheit in der Bildgestaltung einen Sommer lang arbeitete.

I. Kunstgeschichte: Malerei des Barock

In dem Bestreben des Barock ein Gesamtkunstwerk zu schaffen, spielte die Malerei eine wesentliche Rolle.

1. Nennen und erläutern Sie charakteristische Mittel, mit denen Barockmaler einen dynamischen und dramatischen Ausdruck in ihren Werken erreichten.

2. Zeigen sie Absichten und Grundgedanken auf, welche die Maler des Barock in ihren Bildern verwirklichen wollten.

3. Nennen Sie drei Vertreter der Barockmalerei und jeweils eines ihrer bekanntesten Werke.

II. Kunstbetrachtung: Bildvergleich: Realismus (Adolph von Menzel) / aktuelles Foto

Im Jahre 1847 entstand das Gemälde „Wohnzimmer mit Schwester des Künstlers" von Adolph von Menzel, das Ihnen als Farbreproduktion vorliegt.

1. Untersuchen Sie dieses Bild in Bezug auf
   a) Farbgebung und Farbauftrag,
   b) Licht,
   c) Körperdarstellung,
   d) Räumlichkeit.

2. Aus dem Jahre 2000 stammt die Schwarz-Weiß-Reproduktion einer Fotografie aus einem Magazin, auf der ebenfalls eine junge Frau abgebildet ist.

   Vergleichen Sie beide Darstellungen. Gehen Sie dabei auf Wirkung und Atmosphäre der beiden Bilder ein.

Adolph von Menzel, Wohnzimmer mit Schwester des Künstlers (1847); www.visipix.com

2001-10

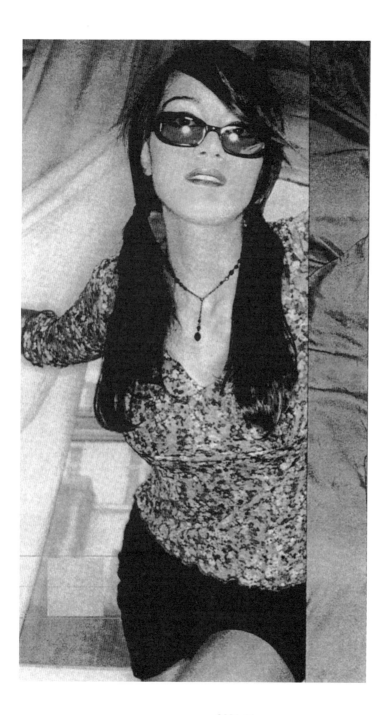

2001-11

Lösungsvorschlag

I. Kunstgeschichte: Malerei des Barock

1. Charakteristische Mittel

Entscheidende Antriebskraft für die Entstehung des Barock ist die Gegenreform, sodass es schwierig ist, den Barock auf verbindende, überall geltende Merkmale festzulegen, da die weitgehend von Reformation bzw. Gegenreformation wenig beeinflussten Länder andere Ausdrucksformen ausbilden. Deshalb sind die hier aufgeführten Kennzeichen meist übergreifende Elemente.

Die Malerei des Barocks war nicht nur auf die Ausmalung von Innenräumen beschränkt, es gab auch eine bedeutende Tradition des Tafelbildes, mit großen regionalen Unterschieden der einzelnen Maler und Schulen.

Tafelmalerei

Gestaltung ausgeprägter Spannungsverhältnisse wie

Lebensfreude – Vergänglichkeit,

Weltliches – Geistliches,

Tugend – Laster,

Ruhe – Bewegung und

Licht – Dunkel

beherrschen die Gestaltung der Malerei.

– Stürmische Bewegtheit mit pathetischen Gesten, leidenschaftliche Dynamik der Motive;

– Kühnheit im Gebrauch der formalen Mittel, kraftvolle, leidenschaftliche Gebärdensprache.

Optischer Realismus: Was das Auge wirklich wahrnimmt, wird präzise, bisweilen in geradezu pedantisch abbildender Feinmalerei dargestellt. Verschiedene Tonwerte einer Farbe steigern sich zu einzigartigen Harmonien.

Bilder entstehen, die das Leben in ihrer Realität einerseits spiegeln, andererseits gleichsam symbolhaft verschlüsseln.

Ein wichtiger Aspekt ist die veränderte Art der Lichtführung: Szenen werden nicht mehr einheitlich, sondern partiell beleuchtet und besonders wichtige Elemente werden durch helles Licht, aber auch durch grelle Lichteffekte hervorgehoben. Scharf ausgeleuchtete Stellen wechseln mit dramatischem Dunkel.

Wand- und Deckenmalerei

Aufgabe der Malerei war u. a. ein Verwischen der Übergänge wirklicher Architektur zur Scheinarchitektur durch fließende Formen und optische Illusionen.

Schwach gewölbte Decken wirken durch gemalte Scheinarchitektur mit weitem Himmel wie hohe Kuppeln.

Mit bildnerischen Mitteln wird spielerisch umgegangen zur täuschenden, illusionistischen Wiedergabe der sichtbaren Wirklichkeit von Dingen, von Personen, von Natur und Räumen.

Es handelt sich um eine Malerei, die in Verbindung mit tatsächlich plastisch gearbeiteten Bildteilen aus Stuck plastische Figuren und Dinge vortäuscht, die unmerkliche Übergänge zwischen Bild, tatsächlicher Plastik und Architektur bewirkt. Die Grenzen sind fließend, unkenntlich, aufgehoben.

Im Deckengewölbe öffnet sich ein Licht- und Wolkenreich von scheinbar unendlicher Weite und gibt den Blick in einen von Gottheiten und Heiligen belebten Himmel frei: Aufhebung der Raumdecke. Das Licht schafft eine atmosphärische Wirkung.

Schwebegruppen bevölkern die Gewölbezone in täuschender Untersicht.

Das „Geschehen" scheint auf einer Art Bühne stattzufinden, bei der der Betrachter quasi zum Zuschauer und Zeuge einer Aufführung, die im Bildraum stattfindet, wird. Es handelt sich um eine Aufführung, von der der Betrachter gerade einen Augenblick vorgeführt bekommt.

Die Komposition dieser Malerei ist voller Bewegung, Dramatik und Theatralik.

Die Oberflächen der dargestellten Dinge werden in illusionistischer Weise wiedergegeben. Ihr Aussehen in einem bestimmten Moment, das heißt ihr „Schein", wird eingefangen.

Scheinfenster geben den Blick auf Fantasiearchitekturen und -landschaften frei.

2. Absichten und Grundgedanken
– Darstellung der Freude am Dasein, aber auch der Nüchternheit, Schlichtheit und Wahrheit in der Erfassung der Welt und ihrer Dinge waren bei vielen Malern Grundgedanken ihrer Arbeiten, um ihre Kunst möglichst vielen verständlich zu machen.
– Entfaltung von Schönheit, Pracht und Üppigkeit, auch im religiösen Kunstwerk, wurde angestrebt.
– Darstellen und Festhalten der Bewegung einzelner oder auch durcheinanderwogender Menschenmassen, deren Bewegungsreichtum, lebhafte Gesten und Handlungen das eigentliche Thema fast nebensächlich erscheinen lassen.
– Verbindung von Überirdischem mit hart gezeichneter Wirklichkeit löst Proteste aus, fasziniert aber die Künstler.
– Vollendete Darstellung von Raumillusionen sowie schwierigste Verkürzungen und Verschlingungen bei der Personendarstellung, bei gleichzeitiger genauester Wiedergabe des menschlichen Körpers.
– Erreichen besonderer Wirkungen durch meisterhaft und gezielt eingesetzte Lichtführung.

3. Maler und ihre Werke
Caravaggio – „Kreuzigung Petri"
Rembrandt – „Isaaks Opferung"
Murillo – „Bettelbuben beim Würfelspiel"
Tiepolo – „Anbetung der Drei Heiligen Könige"
van Dyck – „Ruhe auf der Flucht"
Rubens – „Engelsturz"

II. Kunstbetrachtung: Bildvergleich: Realismus (Adolph von Menzel)/Aktuelles Foto

1. a) Farbgebung und Farbauftrag
Einem „Nachtstück" entsprechend ist die vorliegende Arbeit in farbiger Zurückhaltung ausgeführt: Eine rembrandthafte Hell-Dunkel-Konzeption in braunem Atelierton, der fast unauffällig Grün- und Blautöne in den Wandflächen und der Decke integriert.

Das Bild wirkt, die wenigen, fast grellen Helligkeiten einschließend, harmonisch.

Der lockere, den Pinselstrich häufig noch erkennbar lassende Farbauftrag, scheint im Licht zu vibrieren. Die Farbe wird als Substanz auf der Bildfläche wahrgenommen.

b) Licht
Zwei künstliche Lichtquellen sorgen für eine schwache Beleuchtung: Die nächtlich verdunkelte Stube wird hauptsächlich durch eine Petroleumlampe mit milchigem Glasschirm im Hintergrund des Bildes schwach erhellt.

Nur der runde Tisch, an dem eine Frau mit einer Handarbeit beschäftigt sitzt, ist hell erleuchtet.

Eine besonders malerische Wirkung erzeugt der Lampenschein an der Zimmerdecke, zu der ein nur auf seiner Rückseite beleuchteter Putto hinaufzuschweben scheint.

Die zweite Lichtquelle ist die brennende Kerze in der Hand des Mädchens. Ihr Schein modelliert das im Halbschatten liegende Gesicht von unten, die oberen Partien sind beschattet.

Grell wird das weiße Mieder und die linke Hand beleuchtet, ein Lichteffekt trifft ihr rechtes Auge. Gedämpfter werden die Türflügel beschienen.

Der Lichtreflex unter dem Türgriff befindet sich optisch fast auf gleicher Höhe mit der Petroleumlampe und dem Mieder des Mädchens.

Ein diffuser Lichtschein auf dem Fußboden scheint durch beide Lichtquellen erzeugt zu werden.

c) **Körperdarstellung**

Die erkennbaren Gegenstände erhalten durch die Licht- und Schattenmodellierung eine gewisse Körperhaftigkeit. Auch der erkennbare Pinselstrich, z. B. an den Türflügeln und dem Putto, tragen dazu bei.

Licht und Schatten bewirken auch, dass das Gesicht des Mädchens, ihr Oberkörper mit den erhobenen Unterarmen und der gehaltene Kerzenleuchter sich vor dem leicht verschwimmenden Hintergrund plastisch in den Vordergrund „schieben". Ihr übriger Körper ist unter ihrer Kleidung nur zu erahnen.

d) **Räumlichkeit**

Der schmale Durchblick in die nächtliche Stube, die dominierende, den Hintergrund teilweise verdeckende Gestalt des Mädchens im Vordergrund und die nach hinten verlaufenden und sich in einer gedachten Verlängerung im Lampenschirm treffenden Linien des geöffneten Türflügels geben dem Bild eine der Stube entsprechende Raumtiefe. Verstärkt wird diese Räumlichkeit durch die im Hintergrund verkleinerten und undeutlich dargestellten Gegenstände und die Körpergröße der am Tisch arbeitenden Frau.

2. **Vergleich, Wirkung und Atmosphäre**

Die farbige Gemäldereproduktion und die vorliegende Schwarz-Weiß-Fotografie haben nur durch ihr Format und den engen Rahmen, in dem jeweils eine junge Frau mit teilweise verdeckter linker Körperseite zu sehen ist, scheinbare Gemeinsamkeiten. Gemeinsam ist beiden Abbildungen jedoch die künstliche Beleuchtung.

Menzels Ölgemälde erzeugt durch die meisterhaft eingesetzten Lichtquellen und den Reichtum der daraus entstehenden Licht- und Schattenwirkung einen höchst malerischen Zauber, aber auch eine heimelige Atmosphäre, die durch den verträumten, zur Seite gerichteten Blick des Mädchens, noch verstärkt wird. Schaut sie jemandem nach oder jemandem entgegen?

Die junge Frau auf der Fotografie beugt sich voll angeleuchtet mehr oder weniger provozierend aus einer Dekoration dem Betrachter entgegen.

Ihr durch die starke Beleuchtung flach wirkendes Gesicht hat einen eher dümmlichen Ausdruck, der vielleicht verführerisch gedacht ist. Ihr starrer Blick wird durch eine getönte Brille abgemildert.

Die Wirkung dieser Abbildung in kühler Deko-Atmosphäre ist provokant, auffordernd.

I. Kunstgeschichte: Malerei des Expressionismus

Der Expressionismus ist eine bedeutende Stilrichtung der modernen Malerei des 20. Jahrhunderts.

1. Beschreiben Sie zeitgeschichtliche und kulturelle Einflüsse, die zur Entstehung des Expressionismus beitrugen.

2. Definieren Sie den Begriff „Expressionismus" und erklären Sie allgemein, welche Absichten die Künstler dieser Stilrichtung verfolgten.

3. Erläutern Sie charakteristische Stilmerkmale der expressionistischen Malerei.

4. Nennen Sie bevorzugte Bildthemen und Techniken des Expressionismus.

5. Nennen Sie zwei expressionistische Künstlervereinigungen und je drei dazugehörige Künstler.

II. Kunstbetrachtung: Bildvergleich: Vincent van Gogh/aktuelles Foto

In seinem Todesjahr 1890 malte Vincent van Gogh das Bild „Kornfelder mit Krähen". Dieses Bild liegt Ihnen in einer Farbreproduktion vor.

1. Untersuchen Sie das Werk im Hinblick auf
   a) Farbgebung,
   b) Farbauftrag.

2. Stellen Sie dar, warum van Gogh als einer der Wegbereiter des Expressionismus gesehen wird.

Zum Vergleich liegt Ihnen die Schwarz-Weiß-Reproduktion einer zeitgenössischen Fotografie „Ein Stück Umwelt" vor.

3. Skizzieren und erläutern Sie den Bildaufbau beider Abbildungen.

4. Stellen Sie dar, was Ihnen beide Bilder mitteilen können und zu welchen Gedanken Sie durch ihre Betrachtung angeregt werden.

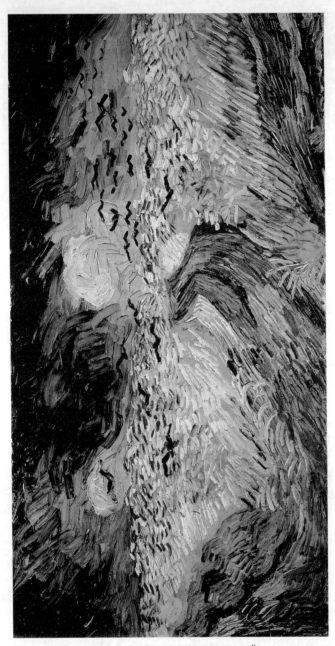

Vincent van Gogh, Kornfelder mit Krähen (1890); Öl auf Leinwand;
Amsterdam, Rijksmuseum Vincent van Gogh; www.visipix.com

2001-16

Lösungsvorschlag

I. Kunstgeschichte: Malerei des Expressionismus

1. Zeitgeschichtliche Einflüsse

Der Expressionismus war eine künstlerische Revolution, eine tiefgreifende Bewegung, die Europa zu Beginn des 20. Jahrhunderts erschütterte.
Frankreich und Deutschland sind die Länder, in denen dieser bedeutende Kunststil in unterschiedlicher Weise seine typische Verwirklichung fand.
Notzeiten nach dem 1. Weltkrieg lösten in ganz Europa ein Ringen um neue demokratische Staats- und Gesellschaftsformen aus.
Die fortschreitende Industrialisierung durch verbesserte Maschinentechnik und neue Erfindungen hatte eine immer größer werdende Kluft zwischen Arbeitern und Bürgern, zwischen „Arm und Reich" zur Folge. Extreme soziale Spannungen entwickelten sich.
Die unbestimmte Zukunft des gewaltigen Proletariats löste gewaltige Emotionen aus: Die Technik ängstigte die Menschen und die Staatsmaschinerie bedrückte sie. Die Massen flößten den Menschen Furcht ein: sie fürchteten sich sogar vor der Liebe.
All dies beeinflusste und formte die Künstler des Expressionismus, deren Werke später nach der nationalsozialistischen Machtergreifung als „entartet" galten, da nur noch ein vordergründig-optimistisches Weltbild erwünscht war.

Kulturelle Einflüsse
Anregungen holten sich die Künstler bei den ursprünglichen und unverdorbenen Arbeiten der Naturvölker Afrikas und Ozeaniens, den so genannten „Primitiven".
Beeinflusst wurden sie aber auch in starkem Maße durch die so genannten „Vorläufer" Edvard Munch, Paul Gauguin und James Ensor sowie durch die von Sigmund Freud entwickelte Psychoanalyse, die durch die Bloßlegung geheimster Gefühle und Träume zur Erregung der Gemüter, aber auch zu pessimistischen Stimmungen führte.

2. Der Begriff Expressionismus

Der Expressionismus ist eine Ausdruckskunst: Es ist das künstlerische Bestreben, den subjektiven (persönlichen) Ausdruck im Kunstwerk, bei einem weitgehendem Verzicht auf objektive, sachliche Darstellung, zu übersteigern und so die innere Beteiligung des Künstlers durch Ausdrücken von Empfindungen und Gefühlen anschaulich zu machen. Er ist das Gegenteil des Lieblichen, des Klassisch-Schönen. Er ist das Bissige, das Kratzige, Spitzige, Eckige, Leidenschaften und Gemütsbewegungen sichtbar machende: Formen werden aufgesprengt, übersteigert. Das innere Wesen der Dinge und der Menschen soll aus ihnen in seiner ganzen unverhüllten Wahrheit hervorbrechen. Regellosigkeit und Disharmonie als Merkmale des Expressionismus verletzten und beleidigen das Auge.

Absichten des Künstlers
Die Wirklichkeit war nicht mehr Vorbild für die Künstler, sondern Anlass zu visionären Steigerungen.
Die Darstellung menschlicher Stimmungen, der Träume, der dunklen Gedanken, der Angst, der Einsamkeit stand im Vordergrund. Dabei empfanden sich die Künstler oft selbst als Einzelne und Einsame.
Die meisten Künstler bringen in radikal vereinfachter, dynamischer Weise das zum Ausdruck, was sie sagen möchten. Andere wollen aber auch die schöne, leuchtende, bunte Welt so unmittelbar wiedergeben wie sie selbst ihr junges, stürmisches Leben empfinden.

Als Protest gegen die bürgerliche Gesellschaft und deren bedrückende Konventionen stellen sie die gestörte Harmonie, alles Verzerrte, Schreiende dar, setzen Dinge unter Druck, pressen ihr Innerstes aus und lassen es in Erscheinung treten. Sie tun dies mit Gewalt und ohne Schonung.

Sie fühlen sich solidarisch mit den Unterdrückten, den Armen und Leidenden, mit den Ausgestoßenen und sie engagieren sich mit ihren Werken für sie.

Subjektive Gefühle und Stimmungen, Empfindungen des Augenblicks wie Freude, Enttäuschung, aber auch die Müdigkeit des Malers werden sichtbar gemacht.

Oftmals schockierende Darstellungen und Verfremdungen des gewohnten Bildes des Menschen in seiner Umgebung sollen Aufmerksamkeit erregen.

Über die Ziele des Expressionismus sagt Henri Matisse 1909: „Der Maler braucht sich nicht mehr um kleinliche Einzelheiten zu bemühen, dafür ist die Fotografie da, die es viel besser und schneller macht. Es ist nicht mehr Sache der Malerei, Ereignisse aus der Geschichte darzustellen, sie findet man in Büchern. Wir haben eine höhere Meinung von der Malerei: Sie dient dem Künstler dazu, seine inneren Visionen auszudrücken".

3. Charakteristische Stilmerkmale

Bildraum
Probleme von Raum, Perspektive, Proportion und Licht werden vernachlässigt (Flächenhaftigkeit). Bilder mit umgekehrter Farbperspektive entstehen.

Formensprache
– Schroffe, kantige Flächen
– Prägnante, ausdrucksstarke Linien
– Häufig grobe Umrisse, „hässliche" Formen
– Vereinfachungen bis zur Gegenstandslosigkeit, Details sind unwichtig.
– Ein ausweglos Schicksal deformiert die Menschen.
– Jede äußere Form soll einer inneren Bedingtheit entsprechen.

Farbe
– Großflächig eingesetzte, meist dunkel abgegrenzte Farbflächen
– Ungebrochene Farbtöne erzeugen eine starke Intensität.
– Starke Kontraste: hell – dunkel, kalt – warm, leuchtend – matt, Komplementärkontrast
– Die Farbe bekommt Bedeutung, drückt Gefühle aus, sie gewinnt Eigenleben im Bild.

Malweise
– Impulsives, spontanes Arbeiten
– Wirkt oft hektisch, ekstatisch.
– Schnelles, dynamisches Auftragen der Farben
– Sichtbarer Pinselstrich

Komposition
Einfache dynamische Formen werden zu einer Komposition zusammengefasst.
Alles wird radikal vereinfacht: Fläche, Kontur und die leidenschaftlich bewegte Farbe sind Gliederungs- und Ausdrucksmittel.

4. Bildthemen

Oft direkt *die Sinne* ohne Umweg über das Gehirn *ansprechende Arbeiten*:
- Leuchtende Blumen- und Landschaftsbilder, aber auch bedrängende, unschöne Stadtlandschaften, unmenschliches Großstadtgetriebe, in denen der Mensch verloren ist und die Natur nichts zu sagen hat.
- Psychologische Portraitkunst, die der neuen modernen Psychologie ebenbürtig sein sollte, besonders die Darstellung der weiblichen Physiognomie.
- Kritische Selbstporträts
- Außenseiter der Gesellschaft
- Harmonische Tierdarstellungen in der Natur, die eine Spiegelung der ewigen Naturgesetze darstellen.
- Abstrakte (gegenstandslose) Arbeiten
- Der gefährdete Mensch in einer ihm fremd und bedrohlich erscheinenden Umwelt
- Das Schreckenerregende, der Wahnsinn, die Grimasse des Todes, schonungslose Selbstzerpflückung
- Religiöse Thematik und symbolhafte Bilder mit mythischer Kraft
- Akt und Interieur

Techniken
- Ölmalerei, Aquarell, Gouache und Tuschezeichnungen, aber auch Mischtechniken
- Neubelebung der Grafik: Hier bekommt der Holzschnitt eine hervorragende Stellung, da er in besonderem Maße der expressionistischen Darstellungsweise entgegenkommt: splittrige, kantige Flächen, auf einen Schwarz-Weiß-Kontrast reduziert.

5. Künstlervereinigungen

Die Anfänge des Expressionismus sind mit der Bildung von Künstlervereinigungen verbunden. Die beiden bedeutendsten deutschen Vereinigungen entstanden im Norden und im Süden des Landes.

Die Brücke
Gegründet 1905 in Dresden durch drei Architekturstudenten: Ernst Ludwig Kirchner, Erich Heckel und Karl Schmidt-Rottluff. Weitere Mitglieder sind u. a. Nolde und Pechstein.
Sie arbeiteten in enger Gemeinschaft (mit einer „mittelalterlichen Bauhütte" vergleichbar): Atelier, Material und Modelle standen gemeinschaftlich zur Verfügung. Sie wollten nicht nur malen, sondern auch die Welt verbessern. Es entstanden stilistisch sehr ähnliche Bilder.

Der blaue Reiter
Gegründet 1911 in München durch Wassily Kandinsky und Franz Marc. Weitere Mitglieder sind u. a. Kubin, Klee, Beckmann, Macke und Jawlensky.
Sie arbeiten in einer „lockeren Künstlervereinigung", bei der das Künstlerindividuum entscheidend ist.
Es entstehen keine stilistisch einheitlichen Bilder.
Sie beschäftigen sich nicht nur mit expressionistischer Malerei, sondern entwickeln auch theoretische Grundlagen für abstrakte Malerei.

II. Kunstbetrachtung: Bildvergleich: Vincent van Gogh/aktuelles Foto

1. a) Farbgebung

Das obere Drittel des Bildes beherrschen intensive Blautöne: vom ins Weiße übergehendes Hellblau im Mittelteil bis zum Schwarzblau am oberen Bildrand.

Die unteren Bilddrittel werden durch Ocker und leuchtendes Gelb des Kornfeldes ausdrucksstark zum Leuchten gebracht.

Das Braun der grün begrenzten Wege fügt sich harmonisch ein.

Die gelbe Farbe des Getreidefeldes bildet mit dem bedrohlich wirkenden Blau des Himmels nicht nur einen Kalt-Warm-, sondern auch einen starken Komplementärkontrast.

Die über das Feld fliegenden Krähen unterstreichen die bedrohliche Wirkung dieses ausdrucksstarken Bildes.

b) Farbauftrag

Mit Spachtel und grobem Pinselstrich pastos (dick) aufgetragene Farbe. Er erfolgte kraftvoll und energisch, in kurzen, breiten, teilweise wie Flechtwerk wirkenden Strichen, die durch großzügigen Farbauftrag hochstehende Ränder bilden.

2. Wegbereiter des Expressionismus

Vincent van Gogh versucht nicht vorrangig ein Abbild der Natur zu schaffen, sondern eigene Stimmungen, Gefühle und Ahnungen in seinen Bildern auszudrücken. Er will aber auch bestimmte Wirkungen und Empfindungen beim Betrachter erzeugen. Eine Perspektive ist ihm unwichtig.

3. Skizzen

– Klare erkennbare Kompositionslinien und -flächen
– Sorgfältige, das Format berücksichtigende Ausführung

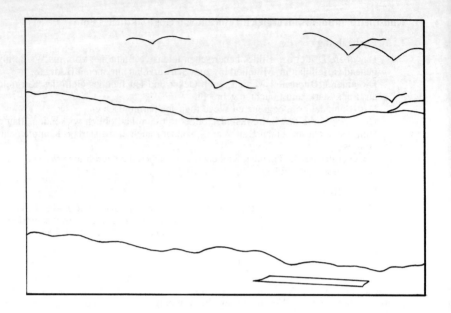

Bildaufbau

Bei beiden Bildern verläuft die Horizontlinie fast waagerecht unterhalb des oberen Drittels und trennt dadurch Himmel und Landschaft.

Kornfeld und Müllhalde bilden jeweils den Mittelgrund des Bildes, wobei das Kornfeld durch einen im Bogen nach links zur Mitte verlaufenden Weg getrennt wird.

Den Vordergrund bilden in van Goghs Gemälde aus dem Bild seitlich herauslaufende Wegteile, vor der Müllhalde ein Streifen verschmutzter Wiese bzw. ein verschmutzter Strandabschnitt.

4. Eigene Gedanken zu den Bildinhalten

Vincent van Goghs unendliches, menschenleeres, von heftigen Windstößen durchwühltes Kornfeld dürfte den Seelenzustand des Malers wiedergeben.

Es wirkt bedrohlich, wie die Vorahnung eines baldigen Unheils. Es drückt aber auch Traurigkeit und äußerste Einsamkeit aus. Kurze Zeit nach der Fertigstellung des Gemäldes beging van Gogh Selbstmord.

Die vorliegende Schwarzweißfotografie lässt durch den von Abfall versperrten Blick auf das Meer und den zweckentfremdeten Strand die ursprüngliche Natur nur erahnen: ein von Menschen bedrohlich angehäuftes „Müllgebirge", das die Natur zu ersticken droht. Es handelt sich um menschlichen Abfall, dem nur noch die Seemöven etwas Positives abgewinnen können.

I. Kunstgeschichte: Malerei der Romantik

Die Romantik zeichnete sich durch eine besondere Geisteshaltung aus.

1. Charakterisieren Sie die deutsche Malerei der Romantik hinsichtlich
   a) ihrer Themen und Inhalte,
   b) der Malweise sowie
   c) der Gestaltung.

2. Nennen Sie drei bedeutende Maler der Romantik und jeweils zwei ihrer bekanntesten Werke.

3. Erläutern Sie die Ziele und Absichten der Malerei in der Romantik.

II. Kunstbetrachtung: Bildvergleich: Edvard Munch/aktuelles Zeitungsfoto

Ihnen liegt die Reproduktion des Ölgemäldes „Das kranke Kind" von Edvard Munch (1863 bis 1944) vor. Das Bild (119,5 × 118,5 cm) entstand 1885/86. Der Einfluss des Impressionismus ist zu erkennen. Das Bild hängt in der Nationalgalerie in Oslo.

1. Beschreiben Sie den Inhalt des Bildes.

2. Untersuchen Sie das Bild in Bezug auf
   a) die Malweise,
   b) die Gegenständlichkeit,
   c) die Farbigkeit und das Licht sowie
   d) den Bildaufbau.
   Zum Vergleich liegt Ihnen die Schwarz-Weiß-Kopie eines aktuellen Fotos aus einer Intensivstation eines Krankenhauses („Intensivstation – Mundnarkose") vor.

3. Vergleichen Sie die beiden Abbildungen und gehen Sie dabei besonders auf
   a) die inhaltliche Aussage und
   b) die Wirkung auf den Betrachter ein.

Edvard Munch (1863–1944), Das kranke Kind, (1885/1886);
© The Munch Museum/The Munch Ellingsen Group/VG Bild-Kunst, Bonn 2006.

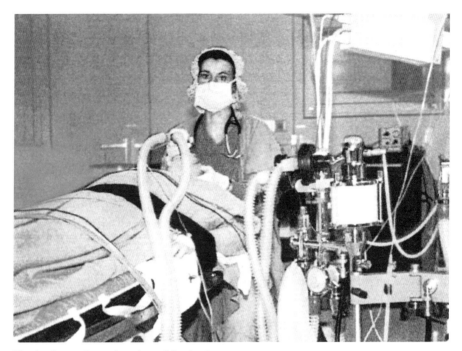

Krankenhaus – Intensivstation – Mundnarkose
www.google.de

Lösungsvorschlag

I. Kunstgeschichte: Malerei der Romantik

1. a) Themen und Inhalte

Die Romantik umfasst etwa den Zeitraum von 1790–1830. Charakteristisch für diese Epoche ist eine Betonung des Subjektiven und Emotionalen und damit die Abkehr vom Objektiven und Verstandesmäßigen: Individuelle Gefühle und die Wunsch- und Traumvorstellungen des Künstlers spielen eine wichtige Rolle. Vor allem Landschaften und Naturereignisse werden dargestellt; man bemüht sich um die Wiedergabe von Stimmungen und subjektiven Empfindungen. Als Motive treten z. B. die Einsamkeit des Hochgebirges, verschiedene Stadien im Tages- und Jahresablauf, Mondnacht, Morgen- und Abenddämmerung, Nebelschleier, Winterlandschaften, tosende Wasserfälle, Wolkenformationen usw. auf. Menschen sind meist nur als Rückenfiguren dargestellt, versunken in den Anblick der Natur. So kann sich der Betrachter mit ihnen identifizieren und ihre Gefühle nachempfinden.

In der Romantik beschäftigt man sich aber auch mit der Mythologie, mit Märchen- und Sagenbildern, die auch als Illustrationen Verwendung finden (z. B. in den Märchen der Gebrüder Grimm).
Außerdem entstehen bürgerliche Porträts, Familienbilder und Darstellungen der heimischen Idylle.

b) **Malweise**
Die Künstler der Romantik greifen die ganz aus der Farbe heraus gestaltende Mal- weise der „Alten Meister" wieder auf. Die Lokalfarben werden durch Beimengung von Weiß aufgehellt, eine Abdunklung erreicht man durch das Mischen mit Braun oder Schwarz. Der mehrfache, lasierende (durchscheinende) Farbauftrag erzeugt große Raumtiefe, Plastizität und feine Stofflichkeit. Der Farbauftrag mit feinen Pin- seln hinterlässt kaum Pinselspuren.

c) **Gestaltungsmerkmale**
Neben der Ausarbeitung von Einzelheiten finden die Künstler auch den Mut zur Vereinfachung. Pflanzliche Liniengefüge erscheinen teilweise ornamental. Die Um- risse des Dargestellten verschwimmen häufig in tageszeitlich nicht genau bestimm- barem Licht. Oft wird aber auch das Lineare betont.

2. **Maler und Werke**
Caspar David Friedrich:
– „Kreidefelsen auf Rügen"
– „Mönch am Meer"
– „Einsam"

Philipp Otto Runge:
– „Vier Tageszeiten"
– „Wir drei"
– „Bildnis der Eltern"

Moritz von Schwind:
– „Die Rose"
– „Rübezahl"
– „Einsiedler, die Rosse eines Ritters tränken"

3. **Ziele und Absichten**
Das wachsende Interesse an der eigenen nationalen Vergangenheit zeigt sich in der Romantik nicht nur in einer systematischen Denkmalpflege und Museumsarbeit, son- dern auch in der schwärmerischen Begeisterung für eine idealisierte Vergangenheit. Die Epoche des Mittelalters wird verklärt und dient mit ihren Epen, Sagen und Mär- chen der künstlerischen Inspiration.
Laut Caspar David Friedrich soll die Kunst Mittlerin zwischen Mensch und Natur sein. Das bisherige Schema der „idealen Landschaften" tritt in den Hintergrund, während die neuen Naturdarstellungen vor allem auf eine sorgfältige Beobachtung abzielen und ein Gefühl für die vielfältigen Stimmungen der Natur vermitteln sollen. Das subjektive Naturempfinden, aber auch das Fantastische, Märchenhafte wird thematisiert. Dabei dient die Landschaft als Spiegelbild für die Stimmungen und Sehnsüchte der darge- stellten Menschen. Häufig steigert sich diese Versenkung in die Natur sogar bis ins Religiöse.
Die Sehnsucht nach Fernem, Unerreichbarem, nach vergangenen Zeiten wird im Bild festgehalten.

II. Kunstbetrachtung:
   ### Bildvergleich: Edvard Munch/aktuelles Zeitungsfoto

   ### 1. Inhaltliche Aussage
   In der linken Hälfte des nahezu quadratischen Bildes sitzt ein augenscheinlich krankes Mädchen in einem Lehnstuhl, der mit seiner Rückenlehne den oberen Bildrand berührt. Das rotblondes Haar fällt dem Mädchen bis auf die rechte Schulter herab. Ein großes weißes Kissen stützt den im Profil dargestellten Kopf und den Rücken, der Blick ist nach rechts ins Leere, vielleicht aber auch durch eine Fensteröffnung in die Ferne gerichtet. Der rechte Arm liegt leicht angewinkelt auf einer grünlichen, Hüfte und Beine verbergenden Decke. Die unverdeckte weiße Hand scheint die Decke zu halten. Neben dem Mädchen sitzt auf einem braunen Stuhl eine Frau, wahrscheinlich die Mutter. Sie hat ihre glatten, graubraunen Haare zu einem strengen Knoten nach hinten gesteckt und hält die linke Hand des Mädchens fest. Der Kopf ist tief gesenkt, die Frau scheint völlig gebrochen und schmiegt sich an das Kissen. Rechts neben ihr ist, fast wie ein Schatten wirkend, ein Vorhang angedeutet, der teilweise über eine leicht bläulich schimmernde Fensteröffnung fällt. Darunter steht in der rechten unteren Bildecke ein von der Seite erkennbarer brauner Stuhl. Auf seiner Sitzfläche steht ein hohes, schmales Glas, in dem eine hellrosa Flüssigkeit schimmert. In der linken unteren Bildecke kann man die Ecke eines rötlichen Schränkchens mit zwei übereinander liegenden Schüben erkennen, auf dessen Kante eine Glasflasche steht.

   ### 2. a) Malweise
   Das Bild zeugt von einer für die damalige Zeit ungewöhnlichen, geradezu chaotischen Maltechnik. Die Oberfläche wirkt rau und wurde offensichtlich nicht nur mit dem Pinsel bearbeitet: Sie weist Kratzspuren, flockige, dick aufgetragene Farbschichten und durchschimmernde Untermalungen auf. Einzelne Partien scheinen mehrfach überarbeitet worden zu sein, indem mehrere Lagen von Farbe aufgetragen und später wieder abgeschabt oder abgekratzt wurden. Diese Eigenschaften lassen das Bild gewollt unfertig wirken und sind sichtbare Spuren heftiger, impulsiver Arbeit an der Leinwand. Munch konzentriert sich auf das Wesentliche; er geht nicht ins Detail, sondern stellt auf expressionistische Art und Weise eine individuelle Empfindung, eine bestimmte Atmosphäre dar. Trotz des groben, asymmetrischen Farbauftrags wird jedoch eine „Weichzeichnung" aller dargestellten Dinge erreicht.

   ### b) Gegenständlichkeit
   Munch weicht in seiner Malweise stark von einer strengen Gegenstandsbeschreibung ab. Er setzt erste wichtige Impulse für eine neue Sichtweise und die Kunstrichtung, die als Expressionismus bezeichnet wird. Der Stil ist gekennzeichnet durch die rauchige Weichheit der Konturen, die bis hin zur Formauflösung reicht. Charakteristisch sind auch die zusammenfließenden Formen – hier bildet beispielsweise die regelrechte Verschmelzung der Hände der beiden Frauen den Mittelpunkt des Gemäldes.

   ### c) Farbigkeit und Licht
   Das Gemälde hat einen blau-grün-grauen Grundton. Allerdings bilden das „brennende" Rot der Mädchenhaare und das Rot der Kommode einen Komplementär-Kontrast zum kalten Blaugrün der Decke.
   Die trüb-dumpfen Farben der Frauengestalt und des Vorhanges sowie die dunkle untere Bildkante wirken wie ein Rahmen um das von einer unbekannten Lichtquelle erhellte, fast durchscheinende, angespannt wirkende Gesicht des Mädchens. Das Licht lässt einen Teil der Haare leuchten und das weiße Kissen um den Kopf des Kindes wie einen Heiligenschein erscheinen.

d) Bildaufbau

Vor uns liegt eine genrehafte Bildkomposition, die sich durch einen strengen Bildaufbau auszeichnet. Auffällig sind das Gegeneinander von Horizontalen und Vertikalen und der Ansatz von Diagonalen, wobei das Tischchen den Bildschub nach rechts abfängt und das Schränkchen den Bildaufbau auf der linken Seite stützt. Munch ist nicht daran interessiert, einen zufälligen Teilausschnitt der Wirklichkeit zu porträtieren, sondern er bringt eine bestimmte emotionale Situation, eine besondere Atmospähre zum Ausdruck.

3. Bildvergleich

a) Inhaltliche Aussage

Gemälde

Munch verarbeitet und verallgemeinert hier ein persönlich erfahrenes Schicksal: Seine Schwester Sophie verstarb mit 15 Jahren an der Schwindsucht. Das Werk schafft einen Bezug zu allen sterbenden Mädchen, aber auch zu allen verzweifelten, vor Kummer und Schmerz gebeugten Müttern.

Die körperliche Nähe der Figuren zueinander steht im Widerspruch zu ihrer geistigen Entrücktheit. Das Mädchen scheint seinen Tod bereits vorauszuahnen: Der fast abwesende, verklärte Gesichtsausdruck weist auf einen seelischen Aufbruch zur Erlösung von irdischen Schmerzen hin und wird durch den angedeuteten Heiligenschein besonders hervorgehoben. Dies ist die hellste und leuchtendste Stelle im Bild. Daneben befindet sich die in ihrer Verzweiflung völlig gebrochene Mutter, die nicht einmal mehr in der Lage ist, ihr Kind anzusehen.

Hier wird etwas seelisch Belastendes also auf eine kompromisslose, radikale Art dargestellt und aufgearbeitet.

Foto

Der Kampf um ein Menschenleben hat begonnen: Auf der Intensivstation einer Klinik werden alle zur Verfügung stehenden Geräte eingesetzt; eine lebensrettende Operation steht (vielleicht) noch bevor.

Die Hände der Ärztin stabilisieren die Position der Narkosemaske. Über den das halbe Gesicht verdeckenden Mundschutz blicken uns müde Augen wenig hoffnungsvoll entgegen: Wird der Kampf gegen den Tod zu gewinnen sein?

b) Wirkung

Gemälde

Munchs Gemälde hält eindrucksvoll den Schmerz einer vor Kummer gebeugten Mutter fest. Trotz der rauchigen Weichheit der Malweise erweckt das Bild eine eigenartige Beklemmung. Die geradezu verklärte Gelassenheit des „wissenden" Kindes erzeugt eine schwermütige, passive, von Todesahnung geprägte Stimmung.

Foto

Auf dem Foto überwiegt der Eindruck des technisierten Krankenhausalltags. Die Atmosphäre ist steril und unpersönlich. Mit allen zur Verfügung stehenden modernen Geräten versucht man, ein Menschenleben zu retten.

I. Kunstgeschichte: Architektur des Barock

Die europäischen Herrscherhäuser trugen wesentlich zur Entwicklung der profanen Architektur im Barock bei.

1. Schildern Sie die historisch-geistigen Hintergründe, die zur Entwicklung barocker Schlossbaukunst führten.

2. Ihnen liegt der Entwurf für eine Idealarchitektur einer Schlossanlage (Wiedergabe eines Kupferstiches von 1748) vor.
   Nennen Sie Kennzeichen, die den vorliegenden Druck zum Idealentwurf einer barocken Schlossanlage machen.

3. Ihnen liegen zwei Abbildungen der 1720–1744 erbauten Würzburger Residenz (Baumeister: Johann Balthasar Neumann; oben Eingangsfassade, darunter Mittelpavillon der Gartenfront) sowie eine Abbildung der Fassade des 2001 fertig gestellten Kanzleramtes in Berlin (Architekten: A. Schultes und C. Frank) vor.
   Vergleichen Sie die Fassaden beider Bauwerke und zeigen Sie Ähnlichkeiten in der beabsichtigten Wirkung auf.

II. Kunstbetrachtung: Bildvergleich: David (Klassizismus)/aktuelles Titelblatt (Comic)

Ihnen liegt eine Reproduktion des Ölgemäldes „Bonaparte auf dem Großen St. Bernhard" (1799) von Jacques Louis David vor.

1. Untersuchen Sie dieses Bild hinsichtlich
   a) der Auswahl des Themas,
   b) der Komposition,
   c) der Maltechnik und
   d) der Farbigkeit.

2. Zum Vergleich liegt Ihnen die Kopie eines Titelblattes von „Superman" (Comic) vor.
   Untersuchen Sie die beiden Darstellungen hinsichtlich ihrer Unterschiede und Gemeinsamkeiten. Gehen Sie dabei vor allen Dingen auf die inhaltliche Aussage und auf die Wirkung ein.

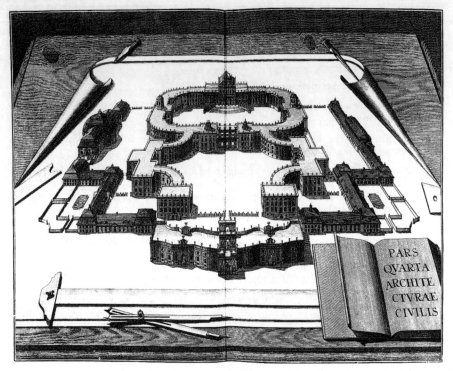

Johann Friedrich Penther, Idealarchitektur einer Schlossanlage (1748);
Kupferstich; 32 × 42 cm; Germanisches Nationalmuseum Nürnberg

Johann Balthasar Neumann, Würzburger Residenz (1720–1744);
oben Eingangsfassade, unten Mittelpavillon der Gartenfront

A. Schultes und C. Frank, Fassade des Kanzleramtes in Berlin

Jacques Louis David (1748–1825), Bonaparte überquert den Großen St. Bernhard
(20. Mai 1800) ; Châteaux de Versailles et de Trianon; www.visipix.com

Kopie eines Titelblattes von „Superman"

Lösungsvorschlag

I. Kunstgeschichte: Architektur des Barock

1. Historisch-geistige Hintergründe

Die Kunst des Barock entstand am Ende des 16. Jahrhunderts in Rom und breitete sich dann über Gesamteuropa aus. Ihre Hauptantriebskraft ist die Gegenreformation, die vom Tridentiner Konzil (1545–63) eingeleitet wurde und für die Kunst bestimmte Regeln und Aufgaben formulierte. Als Mittel zur Katholisierung bzw. zur Festigung des Katholizismus wird der Kunst eine Art Überredungsfunktion zugewiesen. Hierfür eignet sich ganz besonders die Malerei.

In den Darstellungs- und Ausdrucksformen des Barock drückt sich der autoritäre Anspruch der römischen Kirche aus. Gerade nach den verheerenden Folgen des 30-jährigen Krieges ist der neue Stil ein ideales Instrument der Selbstdarstellung geistlicher, aber auch weltlicher Fürsten, ihrer Macht, ihrer Ideale und ihrer Ideologien. Das Bürgertum gibt seine in der Renaissance mühsam errungene Macht wieder ab, unterwirft sich der Übermacht der Kirche und hofft auf die Gerechtigkeit des Herrschers.

Die Baukunst des Barock veranschaulicht die ethisch-religiöse Weltanschauung des 16. Jahrhunderts: Die Körperlichkeit wird verneint, der Mensch soll über seine Grenzen hinausgeführt werden. Der „Sonnenkönig" Ludwig XIV. lässt das unbedeutende Jagdschloss seines Vaters in Versailles zum Zentrum seiner Macht ausbauen. Hier konzentrieren sich alle Belange des Staates im Willen einer Person, von hier geht die Macht aus. Als Sitz der Hofhaltung bietet Versailles eine imposante Kulisse für das höfische Leben und stellt den Glanz und den Reichtum des Besitzers zur Schau. Versailles wird zum Sinnbild des Absolutismus und zum Vorbild für alle anderen Schlossbauten absolutistischer Barockfürsten.

Schwierigkeiten bei der Geldbeschaffung erforderten allerdings oftmals kurze Bauzeiten. Eine schlampige Bauweise und der Einsatz von Ersatzwerkstoffen (wie z. B. von gefärbtem Gips anstatt von echtem Marmor) waren die Folge.

Die Französische Revolution 1789 markiert das Ende barocker Prachtentfaltung.

2. Idealarchitektur

Bei dem vorliegenden Kupferstich von Johann Friedrich Penther handelt es sich um den Entwurf einer ganz im Sinne des Barock gegliederten, komplexen Anlage.

Auffällig ist der ständige Wechsel von breiten und schmalen, langen und kurzen, gebogenen und geraden Raumabschnitten. Der Grundriss ist kompliziert und wäre durch die bewusste Tiefenstaffelung im fertigen Bauwerk vermutlich nur noch schwer nachvollziehbar. So kann das Gebäude ständig neu erlebt werden, denn es gibt immer wieder neue Einblicke frei. Die Grenzen und die Übergänge zwischen den einzelnen Bautrakten werden verwischt, die notwendigen statischen Elemente werden dadurch überspielt.

Der Baukörper erscheint als einheitlich gestaltete Komposition und nicht als Summe einzelner, übersichtlicher Bauteile.

Auch eine Bevorzugung von Kurven lässt sich feststellen: Es herrscht eine große Formenfülle bei den teilweise konvex oder konkav ausgeführten Baugliedern. Sie bewirken ein Mittelteil eine „Bewegtheit", ja fast ein „Schwingen" des Bauwerkes.

Trotz der Unterteilung des breiten, lang gestreckten Mitteltraktes in zwei unterschiedlich gestaltete und voneinander unabhängige Hoftrakte mit jeweils einem Binnenhof bleibt der optische Eindruck einer symmetrischen Dreiflügelanlage erhalten. Auch für die abgewinkelten, gegliederten Seitentrakte sind zusätzliche, nach hinten offene Hofanlagen eingeplant.

Die Geschossaufteilung ist klar und übersichtlich und auch beim Fassadenentwurf findet sich eine einfache und symmetrische Gliederung – die Strenge stellt ein wichtiges Element der Konzeption dar. Insgesamt kommt der Entwurf der barocken Forderung nach Symmetrie und plastischer Einheit nach und hat die Wirkung einer großen Skulptur.

3. Bildvergleich

Würzburger Residenz
In 24-jähriger Bautätigkeit entstand nach französischem Vorbild (Schloss von Versailles, Residenz des „Sonnenkönigs" Ludwig XIV.) die fürstbischöfliche Residenz zu Würzburg. Sie stellt eine Symbiose (Verbindung) aus französischer Gliederung, italienischen Schmuckformen und deutscher Geisteshaltung dar.

Die langen Fronten der Seitenflügel haben eine klare, viergeschossige Einteilung: Beim zweiten und beim vierten Geschoss handelt es sich um Halbgeschosse (Mezzanine), die sich jeweils dem ersten und dem dritten Geschoss unterordnen. Balkone und lange Balustraden unterstützen die waagerechte Linienführung, in die sich der zweigeschossige Mittelteil nahtlos einfügt.

Der Mittelteil ist durch funktionsloses Beiwerk hervorgehoben: Aus der Fassade treten Säulen und Pilaster heraus, je nach Stockwerk sind die Fenstergiebel unterschiedlich gestaltet, der Dachaufsatz ist geschwungen und plastisch gestaltet und an Gemäuer und Simsen finden sich zahlreiche Verzierungen. Säulen gliedern nicht nur die Wände in der Vertikalen, sondern mildern auch die Wucht des Bauwerkes ab. Eine Stützfunktion übernehmen sie nur bei dem sich über die gesamte Breite des Mittelteils erstreckenden, weit hervortretenden Balkon.

Die Fassadengliederung der Seitenflügel ergibt sich hauptsächlich aus der symmetrischen Anordnung der zahlreichen Fenster. Auch hier unterstreichen vorstehende Pilaster, verschieden verzierte Fenstergiebel und von Skulpturen „gekrönte" Balustraden die Repräsentationsfunktion des Gesamtbauwerkes.

Berliner Kanzleramt
Das neue Berliner Kanzleramt kommt dagegen ohne jegliche Ornamente aus. Die Abbildung zeigt lediglich die klar gegliederte Westfassade. Sie wird auf zwei Ebenen durch Stelen aus Sichtbeton dominiert.

Bis zum vierten Stockwerk haben die Architekten eine Glaswand hinaufgezogen. Davor wurden 14 organisch unterschiedlich geformte Stelen „gepflanzt". Einige dieser Stelen haben keinerlei stützende Funktion, hier sprießen Bäume anstatt von Kapitellen. Auch die Stelen, Pfeiler und Pilaster auf der oberen, ebenfalls vier Stockwerke hohen Ebene haben reine Gliederungsfunktion.

Obwohl es sich um einen monumentalen Bau handelt (die acht Stockwerke lassen sich nur erahnen), wirkt die Architektur heiter, offen und einladend und vermittelt ein Gefühl von Freiheit. Indem sie die Architektur des barocken französischen Adelspalais aufnimmt und auf die Moderne überträgt, spielt sie mit den Gesten absolutistischer Herrschaft, ohne ihnen jedoch zu verfallen.

Durch ihr imposantes Erscheinungsbild haben beide Gebäude hohen Repräsentationscharakter.

II. Kunstbetrachtung: Bildvergleich: David (Klassizismus)/aktuelles Titelblatt (Comic)

1. a) Auswahl des Themas

Bei dem vorliegenden Bild von dem die Alpen überquerenden Napoleon handelt es sich um ein typisches Gemälde des Klassizismus. Diese Strömung wollte die Überladenheit des Spätbarock und die intime Verspieltheit des Rokoko zugunsten einer „klassischen Formstrenge" überwinden. Der Klassizismus steht mit den revolutionären Ereignissen (Franz. Revolution) in Frankreich in engem Zusammenhang. Er hat somit auch eine ideologische Funktion. Außerdem bringt er das demokratische Ideal der griechischen Antike zum Ausdruck, das man in deren Kunst reflektiert sah. Die hier vorliegende „Revolutionskunst" spiegelt die zeitgenössische Ideologie, die die Unterordnung des Einzelnen unter die Nation einfordert. Mit der Französischen Revolution und dem Aufstieg Napoleons kommt es also auch zur Bildung eines neuen Nationalbegriffs.

Der neue „Führer" posiert, in der Uniform eines hohen Militärs, als alles beherrschender Befehlshaber auf einem sich aufbäumenden Pferd. Die Kulisse des St.-Bernhard-Gebietes ist nur undeutlich erkennbar. Der Reiter wird in einer unnatürlichen Pose dargestellt, die ihn über alles andere hinaushebt und das Bild vollkommen dominiert. Es handelt sich also nicht um eine Darstellung der Realität, sondern um eine „Propaganda-Inszenierung". Erst bei genauerem Hinsehen entdeckt man hinter und unterhalb des Pferdes noch andere, sehr klein und undeutlich dargestellte Akteure: Soldaten, die mit ihrem Kriegsgerät mühsam den Alpenpass erklimmen.

Ein irreales Element im Vordergrund links bilden die Felsbrocken, in die die Namen Bonaparte, (H)annibal und Karolus Magnus eingemeißelt sind. Sie weisen darauf hin, dass Napoleon sich bereits zu den großen Alpenüberquerern zählt.

Außerdem kann man in der rechten unteren Ecke noch ein kleines Symbol erkennen: eine flatternde Trikolore, deren Träger noch unterhalb der Felskante zu vermuten ist.

b) Komposition

Der Mittelpunkt des Bildes befindet sich direkt unterhalb des Säbelheftes auf der reich verzierten Säbelscheide. Reiter und Pferd füllen das Format von Jacques Louis Davids Gemälde beinahe ganz aus. Die Reiterfigur wirkt fest und unerschütterlich und sieht wie eine idealisierte antike Statue aus. Napoleons Wichtigkeit wird durch das Größenverhältnis zu seinen Soldaten ausgedrückt.

Durch den Wind nach vorne getrieben, drängen alle Formen von rechts unten nach links oben. Mithilfe der ebenfalls nach links schwingenden Bögen (Gesäß, Schweif und Mähne des Pferdes, Sitzhaltung des Reiters) wird künstliche Dynamik erzeugt. Die schiefe Ebene, das sich aufbäumende Pferd und die Geste Napoleons unterstreichen die Aufwärtsbewegung nach links. Mit dieser Geste deutet der Heerführer nicht nur eine Richtung an, sondern fordert die Armee gleichzeitig zur Nachfolge auf.

Ergänzend ist anzumerken, dass der Maler auf lebhafte barocke Effekte und Kontraste völlig verzichtet: Das Bild ist von einer fast feierlichen Ruhe und harmonischer Ausgeglichenheit geprägt.

c) Maltechnik

Das fast wie eine kolorierte Zeichnung wirkende Gemälde überrascht durch zeichnerische Schärfe, durch harte Konturen. Pferd und Reiter sind sehr plastisch, Details teilweise fast übergenau ausgearbeitet. Im Gegensatz dazu steht der äußerst schlicht ausgeführte Hintergrund. Die Reinheit der Ausführung ist dem Künstler wichtiger als das Hinterlassen einer „eigenen Handschrift".

d) Farbigkeit

Das gleichmäßig ausgeleuchtete Bild ist in kühlen, unsinnlichen Farben gemalt. Diese kühle, sachliche Farbigkeit lässt Ross und Reiter eher wie ein Standbild denn als Wesen aus Fleisch und Blut erscheinen. Nur der braunrote Mantel und einige Blau- und Rottöne der Uniform beleben das sonst fast monochrom gehaltene Bild. Alle Farbfelder sind klar begrenzt. Der unruhig dargestellte Himmel aus weißlichgrauen und bräunlichen Wolkenfetzen lässt hier und da ein Stück blasses Blau hervorschimmern.

2. Bildvergleich

a) Unterschiede

Napoleon	Superman
– farbige Darstellung einer historischen Person	– Schwarz-Weiß-Zeichnung einer Comic-Figur
– Napoleon als Führer einer Armee bzw. eines Volkes	– Superman als Ketten sprengender Einzelkämpfer für Recht und Ordnung
– detailliert ausgearbeitete Formen	– flächige Gestaltung
– das Pferd hebt Napoleon über andere hinaus	– Superman wirkt mächtig, übergroß
– die Richtung weisend	– auf ein Ereignis zugehend
– verhaltene Größe, geistige Kraft	– körperlich „übermenschlich"
– plastisch ausgearbeitete Darstellung	– kaum plastisch ausgearbeitet, aber perspektivisch „überlängt"

b) Inhaltliche Aussage und Wirkung

Das Gemälde von Jacques Louis David ist ein Propagandabild, mit dem die Wichtigkeit Napoleons für Volk und Land hervorgehoben werden soll. Auf traditionelle Weise als Heerführer dargestellt, weist Napoleon seinem Gefolge den Weg. Superman ist der übermenschliche Kräfte besitzende, alle Ketten sprengende Held. Durch angedeutete Sonnenstrahlen (Kraftstrahlen) glorifiziert, schreitet er als Retter und Beschützer der Menschen neuen Taten entgegen.

c) Gemeinsamkeiten

Beide Darstellungen sind in sich geschlossen und lassen ein fiktives Geschehen jenseits der Bildkante vermuten.
Bei den beiden dargestellten Personen handelt es sich um Führungspersönlichkeiten mit weltweitem Bekanntheitsgrad. Sie sind wie Denkmäler präsentiert und wirken jeweils auf ihre Art unerschütterlich.

I. Kunstgeschichte: Malerei des Kubismus

Der Kubismus hat die Kunst des 20. Jahrhunderts maßgeblich beeinflusst.

1. Erläutern Sie, an welchen Vorbildern sich die Künstler des Kubismus orientierten.

2. Beschreiben Sie typische Stilmerkmale der beiden Entwicklungsphasen des Kubismus. Nennen Sie bedeutende Vertreter.

3. Der Kubismus stellt eine Etappe in der Entwicklung zur abstrakten Malerei hin dar. Begründen Sie diese Aussage.

II. Kunstbetrachtung: Bildvergleich: Claesz (Barock)/Braque (Kubismus)

Ihnen liegt die Reproduktion des Gemäldes „Stillleben mit Glaskugel" von Pieter Claesz vor, das im Jahre 1625 entstand.

1. Beschreiben Sie kurz den Inhalt des Bildes.

2. Untersuchen Sie das Gemälde im Hinblick auf
   a) die Farbgebung,
   b) die Stofflichkeit sowie
   c) Plastizität und Licht.

3. Zum Vergleich ist eine Reproduktion des Bildes „Stillleben mit Krug und Violine" von Georges Braque aus dem Jahre 1909/10 gegeben.
   Vergleichen Sie die Werke im Hinblick auf
   a) den Bildaufbau und den Raum sowie
   b) die Darstellung der Wirklichkeit.

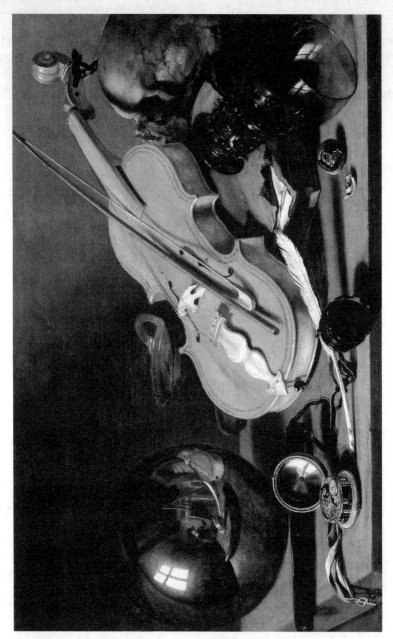

Pieter Claesz (1597–1661), Stillleben mit Glaskugel (Vanitas Stillleben);
Germanisches Nationalmuseum Nürnberg, Gemäldegalerie

2002-18

Georges Braque (1882–1963), Stillleben mit Krug und Violine (1909/1910);
© VG Bild-Kunst, Bonn 2006

Lösungsvorschlag

I. Kunstgeschichte: Malerei des Kubismus

1. Vorbilder des Kubismus

Die Stilrichtung des Kubismus zeichnet sich durch eigene, für die damalige Zeit neuartige Formprinzipien aus, die Paul Cézanne folgendermaßen beschreibt: „Alles in der Natur modelliert sich wie Kugel, Kegel und Zylinder. Man muss nur aufgrund dieser einfachen Formen malen lernen, dann wird man alles machen können, was man will".

Das Bedürfnis nach Systematik, nach Struktur in geometrischen und stereometrischen Formen führt also zu einer Abwendung von der „naturgegebenen" Gestalt von Personen und Gegenständen. Das Objekt wird in seine geometrischen Bestandteile (Dreiecks-, Kreis- und Rechteckformen) aufgelöst und so auf seine Grundelemente reduziert. Nichts bleibt bloßes Abbild, alles wird umgeformt und neu gestaltet; die Entwicklung eines Sujets mit analytischen Mitteln wird das primäre Anliegen der Kubisten. Dabei sind die Farben vor allem in der frühen Periode stark gedämpft und auf wenige Töne beschränkt.

Der Name „Kubismus" stammt von einem Kunstkritiker, der die Werke abschätzig als „bizarreries cubiques" bezeichnete.

Der Kubismus ist gegen die traditionelle sentimentale und realistische Malerei des späten 19. und frühen 20. Jahrhunderts, gegen die Betonung von Licht- und Farbwirkungen und den Mangel an charakteristischen Formen im Impressionismus gerichtet. Inspiriert wurde der Kubismus durch die Stammeskunst Afrikas und Ozeaniens.

2. Entwicklungsphasen des Kubismus

Zunächst lässt sich von 1907–1909 die Phase des „Frühkubismus" abgrenzen, die auch als „Cézannescher Kubismus" bezeichnet wird. In dieser Zeit wandte man sich von der an den Normen der Antike orientierten Darstellung der menschlichen Gestalt und von der traditionellen Zentralperspektive ab. Danach unterscheiden wir hauptsächlich zwei Entwicklungsphasen des Kubismus.

a) Der analytische Kubismus (1909–1911)

Figuren und Dinge werden formal analysiert. Dabei wird der Darstellungsgegenstand gleichzeitig von verschiedenen Seiten gesehen und wiedergegeben („Polyvalente Perspektive"), was die Auflösung des perspektivischen Raumzusammenhangs bewirkt. Häufig stellt man auch nicht den ganzen Gegenstand, sondern nur einzelne, oft geometrisierte Teile aus unterschiedlichen Ansichten und verschiedenen Entfernungen dar und verstreut sie auf der facettenartigen Bildfläche. Gegenstandsvorstellung und Bild konkurrieren nicht mehr miteinander, die Kunst gibt ihre Rolle, Personen und Gegenstände lediglich abzubilden, auf. Damit bereitet der Kubismus die gegenstandslose, abstrakte Malerei des 20. Jahrhunderts vor.

Auch die Binnenformen auf den geometrischen Flächen (z. B. Nase, Mund eines Gesichtes) werden zu einfachen, stereometrischen Kuben geformt. Jede Fläche dieser Binnenformen hat wiederum einen eigenen Fluchtpunkt. So wird eine intensive Rhythmisierung des Bildes bewirkt: Die Bildfläche lässt eine Unterscheidung zwischen Figur und Grund nicht mehr zu, sie wird zum formalen Spannungsfeld.

Der Kubismus versteht seine Vorgehensweise nicht als Zertrümmerung des Gegenstandes und der Form, sondern als Zerlegung des Gegenstandes in seine stereometrischen Elemente und damit als Reinigung der Form. Die Künstler beschäftigen sich mit den Gegenständen in der Umgebung ihrer Ateliers und unterscheiden zwischen dem konkreten Gebrauch der Dinge und ihrem künstlerischen Gehalt, also zwischen Naturform (Gegenstandsform) und Kunstform. Die Gegenstandsaussage wird damit zugunsten einer intensiveren Formaussage zurückgedrängt. Die Hauptvertreter des Kubismus sind Picasso und Braque.

Zwischen 1910 und 1911 werden die Grundrichtungen (Vertikale, Horizontale, steile oder flache Diagonale, Rundung) stärker betont. Dadurch ergibt sich eine weitere Differenzierung und Steigerung des Rhythmischen. Bilder aus dieser Zeit stellen ausschließlich rhythmisierte stereometrische Grundformen dar.

Während der analytischen Phase des Kubismus lehnen die Künstler außerdem alle leuchtenden Farben ab und beschränken sich ganz auf gebrochene Töne: Braun, Grau, Grün und Ocker. Bilder in monochromer Malweise entstehen.

Ab 1912 wenden sich Picasso und Braque (später auch Gris) dem „papier colle", dem Klebebild (der Collage) zu. Sie kleben Stücke von Zeitungen und Tapeten, Stofffetzen, Glas und Sand in ihre Bilder, um damit deren Realitätsgehalt zu erhöhen. Auf dieser Grundlage entwickelt sich der synthetische Kubismus.

b) Der synthetische Kubismus (ab 1913)

Die aus dem analytischen Kubismus übernommenen Kuben werden nun auf die Ebene verlegt, also zweidimensional dargestellt. Die Flächen erhalten jedoch räumliche Qualität, indem die grauen, dunkleren und kühleren Flächen zurückweichen und die braunen, helleren und wärmeren Flächen hervortreten. In dem so entstandenen Raum überdecken und durchdringen die Flächen sich gegenseitig. Zugleich werden sie größer und in ihren geometrischen Formen einfacher. Jede einzelne Fläche ist bestimmt durch ihren Helligkeitswert, ihre Form (Rechteck, Rhombus, Quadrat, Kreis), ihre Gerichtetheit (vertikal, steil oder flach diagonal, horizontal) sowie durch ihre Position auf der Bildfläche (oben, unten, links, rechts, mittig). Hinzu kommt an einigen Stellen eine leichte Akzentuierung durch schraffierte, melierte, gewellte, transparente oder deckende Strukturen.

Als weiteres rhythmisch akzentuierendes Element treten frei gezogene Linien auf, die bei Picasso eher vital, bei Braque hingegen sensibel und nobel ausfallen. Buchstaben erinnern an den Ursprung dieser Formgebilde in alltäglichen Gegenständen aus dem Atelier.

Darüber hinaus sind in die Bilder integrierte Zeitungsausschnitte, Tapetenstücke, Kartonstücke, Musiknoten usw. wichtige Elemente des synthetischen Kubismus.

Um den Kompositionen die körperliche Schwere zu nehmen, platziert man sie oft in schwebende Ovale und umgeht so gleichzeitig Probleme bezüglich der Ecken. Die Gegenstandsaussagen des Ovals wie auch der dargestellten Objekte werden zugunsten des reinen Formklanges zurückgedrängt. Ob im einzelnen Fall allerdings die Gegenstandsaussage oder die Formaussage stärker betont wird, bestimmt jeweils der Künstler.

3. Der Kubismus als wichtiger Entwicklungsschritt hin zur abstrakten Malerei

Mit dem Kubismus ist der Glaube an eine einheitliche, zusammenhängende Welt ein für alle Mal zerstört. Aus philosophischer Sicht sind von nun an nur noch einzelne, fragmentarische Ansichten, Perspektiven und Standpunkte möglich.

Ein Stückchen Zeitung bekommt allein durch den Bildzusammenhang eine andere, erweiterte Identität: Es wird sowohl als Alltagsgegenstand als auch als ästhetisches Objekt wahrgenommen. Somit sind kubistische Collagen höchst abstrakt und real zugleich.

Die Malerei wird auf die Ebene der Zweidimensionalität verlegt, Gegenstandsaussagen treten zugunsten reiner Formklänge zurück. Farbe und Form drücken immer mehr ins Zentrum des Interesses. Auf diese Art und Weise stellt der Kubismus eine wichtige Entwicklungsstufe hin zur abstrakten Malerei dar.

II. Kunstbetrachtung: Bildvergleich: Claesz (Barock)/Braque (Kubismus)

1. Inhalt

Bei dem vorliegenden Stillleben von Pieter Claesz handelt es sich um ein so genanntes Vanitas-Stillleben: Die dargestellten Gegenstände symbolisieren die Vergänglichkeit irdischen Seins.

Vor einem neutralen, in Brauntönen gehaltenen Hintergrund sind zahlreiche leblose Dinge dekorativ angeordnet. Sie wurden auf eine am rechten Bildrand angeschnittene Holztischplatte dekoriert, die sich horizontal über die gesamte Bildbreite erstreckt und ca. 2/5 der Gesamtfläche einnimmt. Die linke Tischkante verläuft von der unteren Bildkante her schräg nach links hinten, wo sie auf die linke Bildkante trifft.

Nahe der vorderen Tischkante liegt links im Vordergrund eine Taschenuhr mit geöffnetem Deckel, in dessen Innerem sich Licht spiegelt. Daneben hängt ein Uhrenschlüssel an einem blauen Band über die linke Tischkante herab. Auch der daneben liegende Lederköcher ragt über die linke Tischkante hinaus. Hinter dem Lederköcher befindet sich eine große Glaskugel, in der sich das Atelier spiegelt: Der Maler sitzt, einen Hut auf dem Kopf, Pinsel und Palette in den Händen, vor seiner Staffelei. Auf diese Art und Weise ist gleichzeitig ein Selbstporträt des Künstlers in das Bild integriert. Die Rückseite der Uhr, der optisch verzogene Köcher und andere Gegenstände des Stilllebens spiegeln sich ebenfalls in der Kugel. Auch die das Bild ausleuchtende Lichtquelle, ein Fenster, ist als Spiegelung auf der Kugeloberfläche zu erkennen.

Rechts neben der Uhr und leicht über die vordere Kante überstehend, liegen ein mit dem Köcher durch ein Lederband verbundenes, leeres Tintenfass und eine weiße (Gänse-)Schreibfeder. Dahinter ragt eine durch das einfallende Licht hell beleuchtete Violine in die rechte obere Bildecke. Sie ist aus ungewöhnlich hellem Holz gefertigt und dominiert das ganze Bild. An der Schnecke der Violine ist ein blaues Band befestigt.

Der dazugehörige Bogen ruht, den oberen Bildrand berührend, schräg auf der Violine, unter der ein Stapel Bücher und lose Blätter in einer grünblauen Papiermappe hervorschauen. Auf der Mappe liegt außerdem schräg ein umgekippter gläserner Weinpokal, der in Richtung der rechten unteren Bildecke zeigt. Sein Schaft ist mit Noppen verziert und auf seiner Oberfläche spiegelt sich innen und außen das sonst nur auf der Kugel sichtbare Fenster. Links neben dem Weinpokal liegt eine aufgebrochene Walnuss mit einem herausgebrochenen Schalenstück.

Rechts hinter dem Bücherstapel steht ein vom Bildrand angeschnittener Totenschädel mit Blickrichtung zur Glaskugel. Links hinter der Geige erkennt man, teilweise verdeckt, einen Kerzenleuchter aus Ton.

2. a) Farbgebung

Der Maler hat meist dunkle, grau-braune Farben in reichen Abstufungen verwendet. Da die Lichteinwirkung einheitlich ist, wirkt das Bild monochrom. Nur einzelne farbige (Bänder, Mappe) und weiße Flächen (Feder, Blattecken) und die außergewöhnlich hell gehaltene Violine stechen farblich hervor. So bildet die Violine einen Kalt-Warm-Kontrast zum blaugrünen Umschlag und einen starken Hell-Dunkel-Kontrast zu den übrigen Gegenständen.

Allgemein steht eine warmtonige Malerei im Vordergrund, der es sogar gelingt, in virtuos-illusionistischer, modellierender Feinmalerei und feinster Lasurtechnik Spiegelungen und Glanzlichter auf Glas- und Metallgegenstände zu „zaubern".

b) Stofflichkeit

Die Oberflächen der perfekt naturalistisch dargestellten Gegenstände werden in ihrer Stofflichkeit durch sorgsamste Pinselführung detailgetreu wiedergegeben. Die besten Beispiele hierfür sind das täuschend echt dargestellte Weinglas, das in seiner technischen Präzision exakt wiedergegebene Uhrwerk und die natürlich abgenutzt wirkende Schreibfeder.

c) Plastizität und Licht

Die Plastizität der in hervorragender Feinmalerei modellierten Gegenstände wird zusätzlich von der sich links oben befindenden, zunächst nicht deutbaren Lichtquelle unterstrichen und durch Schattenbildung verstärkt.

Das natürliche, durch ein Fenster einfallende Licht erzeugt Spiegelungen auf den glatten Oberflächen. Durch die nahezu gleichmäßige Ausleuchtung der Bildgegenstände kommt die Plastizität runder, aber auch scharfkantiger und selbst filigraner Formen voll zur Geltung. Die Lichtwirkung unterstreicht auch den Symbolgehalt des Bildes bzw. der einzelnen abgebildeten Gegenstände.

3. Bildvergleich

a) Bildaufbau und Raum

Pieter Claesz

Der Bildaufbau im „Stillleben mit Glaskugel" ist gekennzeichnet durch eine genau durchdachte, dekorative Anordnung der einzelnen Gegenstände auf einer schräg von oben betrachteten Tischplatte, deren linke Seitenkante den Vordergrund in Richtung Bildmitte diagonal durchkreuzt und damit Räumlichkeit erzeugt. Die dargestellten Gegenstände betonen hauptsächlich diagonal verlaufende, sich teilweise kreuzende Körperachsen. Im Blickmittelpunkt befindet sich dabei die Violine, die mehr als die Hälfte der Bildbreite einnimmt. Die Kugel und der Totenkopf (Kreise) wirken, auf einer Horizontalen liegend, wie die beiden Schalen einer Waage, die sich auf gleicher Höhe eingependelt haben. Sie und die waagerechten Tischkanten, zwischen denen mittig der Köcher liegt, gleichen das Bildgewicht aus. Uhr und Totenschädel sind als Symbole für die Vergänglichkeit aufeinander bezogen und stehen sich auf einer Diagonalen gegenüber.

Die Räumlichkeit wird hauptsächlich durch das Hintereinandersetzen der einzelnen Gegenstände und ihre gegenseitige Überlagerung erreicht. Der Darstellungsraum selbst gewinnt durch die Spiegelung des Ateliers enorm an Größe und Tiefe.

Georges Braque

Kritiker nannten Braques Arbeiten „bizarreries kubiques". Von diesem Ausdruck leitete sich später der Name „Kubismus" ab.

In dem im Stil des analytischen Kubismus gemalten „Stillleben mit Krug und Violine" ist es fast unmöglich, Bildgegenstände einem Vorder- oder Hintergrund zuzuordnen. Eine traditionelle Bildkomposition ist ebenfalls nicht erkennbar.

Violine, Krug und Umraum sind in ihrer Form aufgelöst, in Kuben zerlegt, zersplittert: ein Trümmerfeld aus Einzelteilen. Obwohl in der Darstellung der Gegenstände Binnenformen dominieren, behält die jeweilige Gesamtform das Übergewicht.

Da die Violine den Blick auf sich zieht, scheint der Bildmittelpunkt verzogen. Die Darstellung des Instruments ist durch eine mehrperspektivische Sicht geprägt: Der Maler will es aus mehreren Blickwinkeln und damit umfassender abbilden.

Das einzige „gegenständlich" gemalte Objekt ist ein seinen Schatten auf das Bild werfender Nagel am oberen Bildrand.

Der Bildraum wirkt zweidimensional; auf das Erzeugen von räumlicher Tiefe wird verzichtet. Senkrechte Kanten im Bildhintergrund, die Lage der Violine und des Kruges und die scheinbar nach oben strebenden Splitter unterstützen die senkrechte Ausrichtung des Bildes.

b) Darstellung der Wirklichkeit

Pieter Claesz
Abgesehen von der (scheinbar aus einem einzigen Stück gefertigten und damit wohl nicht der handwerklichen Realität entsprechenden) Tischplatte sehen in Claesz' Bild alle dargestellten Gegenstände täuschend echt aus – sie erscheinen „zum Anfassen nah".

Georges Braque
Außer dem Nagel am oberen Bildrand haben die dargestellten Gegenstände durch die Zersplitterung in ihre Einzelteile keine eigentliche „Körperhaftigkeit" mehr. Das Größenverhältnis zwischen Violine und Krug ist stimmig. Durch einen Kalt-Warm-Kontrast tritt die Violine in den Vordergrund.

I. Kunstgeschichte: Expressionismus / Impressionismus

Der Expressionismus ist eine künstlerische Bewegung, die im frühen 20. Jahrhundert besonders in Deutschland, aber auch in anderen europäischen Ländern dem Impressionismus entgegentrat.

1. Beschreiben Sie gesellschaftliche und kulturelle Hintergründe, die zur Entstehung des Expressionismus beitrugen. Berücksichtigen Sie dabei insbesondere auch Vorbilder und Wegbereiter dieser Stilepoche.

2. Charakterisieren Sie die Stilmerkmale des Expressionismus in Abgrenzung zum Impressionismus, indem Sie auf folgende Bereiche eingehen:
   a) bevorzugte Bildinhalte
   b) Farbe
   c) Form
   d) Raumdarstellung

3. Nennen Sie zwei expressionistische Künstlervereinigungen in Deutschland sowie jeweils zwei dazugehörige Künstler und ordnen Sie jedem Künstler ein Werk zu.

II. Kunstbetrachtung: Bildvergleich: impressionistische Malerei / zeitgenössische Fotografie

Ihnen liegen drei Abbildungen der Fassade der Kathedrale von Rouen vor:
zwei Versionen aus einer Gemäldereihe des Impressionisten Claude Monet – „Die Kathedrale von Rouen im lichten Nebel" (1894, Öl auf Leinwand) und „… bei vollem Sonnenlicht" (1893/94, Öl auf Leinwand) – sowie ein zeitgenössisches Touristenfoto.

1. Analysieren Sie die vorliegenden Gemälde und begründen Sie, warum es sich bei beiden um typisch impressionistische Werke handelt. Untersuchen Sie hierbei insbesondere
   a) Malweise,
   b) Farbe,
   c) Licht.

2. Die Bilder Monets strahlen unterschiedliche Stimmungen aus. Schildern Sie diese und zeigen Sie auf, wie Monet diese verschiedenen Wirkungen erreicht.

3. Ganz anders als die Malerei wirkt die Fotografie.
   Erläutern Sie diese abweichende Wirkung und zeigen Sie die dahinter stehende Absicht des Amateurfotografen auf.

oben: Claude Monet, Die Kathedrale von Rouen im lichten Nebel (1894);
Museum Folkwang, Essen; www.visipix.com

unten: Claude Monet, Die Kathedrale von Rouen bei vollem Sonnenlicht (1894);
Musée d'Orsay, Paris; www.visipix.com

Touristenfoto: Kathedrale von Rouen

Lösungsvorschlag

I. Kunstgeschichte: Expressionismus/Impressionismus

1. Gesellschaftliche und kulturelle Hintergründe

Das frühe 20. Jahrhundert ist in Deutschland vor allem durch den Übergang vom bäuerlichen zum städtischen Leben, von der handwerklichen zur industriellen Produktion geprägt. Die zunehmende Macht der Technik führt zu einer Materialisierung und Reglementierung des Lebens. Diese Entwicklung und auch die wachsenden sozialen Spannungen, kulturellen Konflikte und psychologischen Belastungen werden als bedrohlich empfunden.

Aus dieser Haltung heraus entwickelt sich der Expressionismus, eine künstlerische Opposition, mit der die Künstler auf die neuen Gegebenheiten reagieren. Voller Emotionen wehrt man sich gegen den Obrigkeitsanspruch des wilhelminischen Staates, aber auch gegen die als tragisch empfundene Autoritätsgläubigkeit seiner Bürger. Man will die Welt verbessern und nimmt sich bewusst auch der gesellschaftlich Benachteiligten, der Ausgestoßenen, Rechtlosen, Kranken und Hilfsbedürftigen an.

Mit besonderer Heftigkeit wendet man sich gegen das Spießbürgertum und die von ihm bevorzugte, konventionelle Kunst. Daher werden als Motive nun meist nicht-bürgerliche Szenerien wie Häfen, Vorstädte, das Varieté und der Zirkus gewählt. So tritt an die Stelle der traditionellen klassischen, von außen aufgezwungenen Ordnung die Regellosigkeit. Diese Regellosigkeit, die das Auge zunächst verletzt und beleidigt, ist das Wesen des Expressionismus.

Wie in der Bezeichnung „Expressionismus" (Namensgeber ist Herrwarth Walden, Herausgeber des Kunstjournals „Der Sturm") bereits angedeutet, kommt es den Verfechtern der neuen Kunstrichtung darauf an, das Wesen der Dinge unter Druck zu setzen, ihr Innerstes auszupressen und nach außen hin schonungslos auszudrücken. Expressionistische Dichtungen mit ihren immer wiederkehrenden Themen der monströsen Stadt, des verfluchten Krieges, des Elends und der Verzweiflung finden Aufnahme in das künstlerische Schaffen. Als weitere Anregungen dienen den Künstlern außerdem die ursprünglichen und unverdorbenen Arbeiten der Naturvölker Afrikas und der Südseeinseln.

Vincent van Gogh und Paul Gauguin gelten als wichtigste Wegbereiter des Expressionismus, der sich im ersten Jahrzehnt des 20. Jahrhunderts durchsetzte und die künstlerische Produktion besonders in Skandinavien, Deutschland, Österreich und der Schweiz beherrschte. In Frankreich arbeiteten die Fauves („Die Wilden") nach ähnlichen Prinzipien. Auch die Werke von Henri de Toulouse Lautrec, James Ensor, Edvard Munch und Ferdinand Hodler können als Vorläufer des Expressionismus gelten. In diesem Zusammenhang ist vor allem Edvard Munch hervorzuheben, der den Expressionisten die Freude am Holzschnitt wiedergab und so der Grafik zu einer neuen Blüte verhalf.

2. Vergleich der Stilmerkmale von Expressionismus und Impressionismus

Hauptmerkmale des Expressionismus

a) Bevorzugte Bildinhalte

Bevorzugte Bildinhalte sind die Revolte, die Gewalttätigkeit, die schonungslose Selbstzerpflückung, die Grimasse des Todes, aber auch die primitive sexuelle Zügellosigkeit. Beklemmende Milieudarstellungen, Bilder von Kranken, Irren und Außenseitern sind ebenfalls typisch für den Expressionismus. Dabei werden die psychischen Stimmungen des Individuums und die Spannungen zwischen den Individuen zum Ausdruck gebracht. Teilweise wird auch der Durchbruch der religiösen Wahrheit thematisiert – in den Augen des Spießbürgers reine Gotteslästerung. Hinzu kommen außerdem Frauenakte und Porträts.

b) Farbe

Die Farbe wird bei den Expressionisten zum wichtigsten künstlerischen Ausdrucksmittel, zur Ausdrucksfarbe im Gegensatz zur Lokal- oder Erscheinungsfarbe.

Wilde, kräftige, aber auch misstönende Farben geben subjektive Gefühle, Stimmungen, Bewertungen und Visionen wieder. Die seelische Komponente bekommt also besonderes Gewicht, während die farbliche Übereinstimmung mit der Natur keine Rolle mehr spielt.

Wie Farbe konkret eingesetzt wird, ist von Künstler zu Künstler unterschiedlich; leidenschaftlich-grelle Farbigkeit findet sich neben launigem Colorit mit lockerer Pinselführung. Meist handelt es sich aber um groß angelegte Farbflächen, auf denen durch ungebrochene Farben eine starke Intensität erzeugt wird. Starke Kontraste wie Hell-Dunkel, Warm-Kalt, Leuchtend-Matt und Komplementärfarben dominieren.

c) Form

Die dargestellten Formen erscheinen stark verzerrt und übertrieben, sie wirken vergröbert, deformiert und aufgesplittert. Sie werden abstrahiert und gewinnen in dieser neuen, nun nicht mehr natürlichen Ordnung größtmögliche Intensität. Details sind kaum erkennbar.

Der Expressionismus bevorzugt in seiner Regellosigkeit alles Asymmetrische, Schreiende und Verzerrte. Das Innere der Dinge bricht mit seiner unverhüllten, unerbittlichen Wahrheit hervor; die Beschönigung des Menschen und der Menschheit weicht einer Darstellung von seelischer Erschütterung, von Leidenschaften und von Gemütsbewegungen. Es kommt zu einem völligen Bruch mit der herkömmlichen Harmonie und Ordnung und damit zur Durchsetzung einer neuen Gestaltungstechnik.

d) Raumdarstellung

Anatomische und perspektivische Richtigkeit spielen im Expressionismus keine Rolle und werden vernachlässigt. Flächenhaftigkeit dominiert.

Stilmerkmale des Impressionismus

a) Bevorzugte Bildinhalte

Der Durchbruch des Impressionismus ist eine Reaktion gegen die damals übliche Ateliermalerei: Man wandte sich gegen die gestellten Motive, die unnatürliche Beleuchtung und die damit einhergehende Dunkelheit der Palette, gegen das Historien- und Genrebild und gegen die mythologischen und religiösen Themen. Darüber hinaus kann man im Impressionismus auch eine Antwort auf das neue (Kunst-)Medium Fotografie sehen.

Die Malerei unter freiem Himmel, die sich bereits im Pleinairismus (Freilichtmalerei) des englischen Malers John Constable ankündigte, setzt sich vollends durch: Die jungen Künstler studieren die Wirkungen des Lichts in der Natur und seine Veränderungen im Tagesverlauf sowie bei atmosphärischen Erscheinungen wie Nebel, Dunst usw. Man versucht, dieses Spiel des Lichts in Bildern zum Ausdruck zu bringen, flüchtige Ein- und Augenblicke einzufangen. Bevorzugte Motive sind Landschaften und Stadtlandschaften, Industriemilieus, Interieurs, Picknick- und Badeszenen, Menschen bei der Arbeit, aber auch Ballett, Porträts, Akte und Stillleben.

b) Farbe

Impressionistische Bilder werden meist in schneller, spontaner Arbeitsweise unter Verwendung einer hellen Palette gemalt. Die Künstler setzen reine, starke Farbtöne punkt-, strich- oder kommaförmig nebeneinander auf die Leinwand. Durch die rhythmische Pinselführung entsteht eine flimmernde Anordnung der sich gegenseitig in ihrer Leuchtkraft steigernden Farbklänge. Die Farben vermischen sich erst im Auge des Betrachters zum gewünschten Farbton (optische Mischung = Divisionismus).

Ein Abmischen mit Weiß oder Schwarz ist, ebenso wie Unter- oder Übermalungen, verpönt. Schwarze, graue oder braune Schatten gibt es nicht mehr, sie werden durch farbige abgelöst.

Lokalfarben werden zu Erscheinungsfarben. Die Farbe gewinnt an Eigenwert, ihre darstellende Funktion tritt zurück.

c) Form

Die Impressionisten lösen die gesamte Bildfläche in Punkte, Striche und Kommas auf. Es gibt keine linearen Begrenzungen der Formen, keine scharfe Zeichnung, keine Details und keine differenzierten Stofflichkeiten. Strukturen sind selten vorhanden, die malerische Auflösung hat Vorrang. Von Nahem sind nur Farbtupfer zu erkennen; erst wenn man zurücktritt, verbinden sie sich zu erkennbaren Formen.

d) Raumdarstellung

Die Bilder der Impressionisten sind meist durch eine Zurücknahme der Raumtiefe und der plastischen Modellierung gekennzeichnet. Die Fluchtpunktperspektive findet in Form der Vogelperspektive Verwendung, wobei der Blickwinkel oft von schräg oben gewählt ist. Vorder-, Mittel- und Hintergrund rücken oft näher zusammen, das Bild wird flächiger.

Darüber hinaus haben die Impressionisten eine Vorliebe für die Zufälligkeit des Bildaus- bzw. -anschnittes. Hier ist der Einfluss japanischer Holzschnitte erkennbar.

3. Die deutschen Maler, die man allgemein zu den Expressionisten zählt, schlossen sich hauptsächlich in den Kunstvereinigungen „Brücke" in Dresden und „Der blaue Reiter" in München zusammen.

„Brücke"
– Ernst-Ludwig Kirchner: „Fünf Frauen auf der Straße", „Mädchen mit Katze Frenzi"
– Karl Schmidt-Rottluff: „Gang nach Emmaus", „Vorfrühling"
– Erich Heckel: „Gläserner Tag", „Holsteinische Landschaft"

„Der blaue Reiter"
– Franz Marc: „Kleines blaues Pferd", „Tirol"
– August Macke: „Dame in grüner Jacke", „Promenade"
– Max Beckmann: „Die Zirkusreiterin", „Pierette und Clown"

II. Kunstbetrachtung:
Bildvergleich: impressionistische Malerei/zeitgenössische Fotografie

1. Analyse

Echtheit und Spontaneität in der Darstellung der Natur waren die entscheidenden Ideale des Impressionismus. Man entwickelte neue Maltechniken, um flüchtige Augenblicke in der Natur festzuhalten: Licht, Bewegung und vorübergehende Farberscheinungen.

a) Malweise

Die wie „Momentaufnahmen" wirkenden Arbeiten fangen die verschiedenen Lichteffekte von getöntem, atmosphärischem Licht zu unterschiedlichen Tageszeiten ein. Monet bedient sich dabei einer einfachen, relativ begrenzten Farbpalette. Er löst die Farben des Motivs in reine Farben auf, die er dann ohne Vorzeichnung und mit lockerem Pinselstrich in Form von Flecken auf die Leinwand setzt. Durch dieses Nebeneinander unzähliger verschiedener, jeweils neu angemischter Farbtöne werden die einzelnen Bestandteile des Bildes nicht in die Tiefe, ins Körperhafte ausgeführt, sondern flächig aufgelöst. Dies kommt besonders in der beinahe monochromen Ausführung des „Nebelbildes" zum Tragen.

b) Farbe

Monet verwendet für ein Bild maximal fünf Farben, die er, direkt oder mit unterschiedlichen Mengen Bleiweiß abgemischt, neben- und übereinander setzt. Er benutzt meist eine leicht trockene, etwas zähe Farbe, um ein unregelmäßiges, vibrierendes Flackern an der Bildoberfläche hervorzurufen. Diese Wirkung erzeugt Monet in hervorragender Weise in dem „Sonnenbild", bei dem das Flimmern des Sonnenlichts meisterhaft zum Ausdruck kommt. Neben Gelb- und Brauntönen verwendet der Künstler auf der cremefarbenen und beigen Grundierung auch Spuren von Rot. Diese Farben stehen im Kalt-Warm-, aber auch im Komplementärkontrast zum Blau des Himmels und des Schattens.

Das „Bild im Nebel" ist in unzählige Blautöne auf ebenfalls heller Grundierung aufgelöst. Gelb und Orange wurden hier nur selten verwendet.

c) Licht

Die Lichteffekte sind so stark betont, dass sich die stoffliche Differenzierung der ins Licht getauchten Fassaden bei beiden Arbeiten verliert. Das natürliche Licht selbst wird zum Objekt der Darstellung und verdrängt die anderen Bildelemente.

Die Fassaden der Kathedrale wirken wie in farbige Elemente aufgelöst, hinter denen kein eigentlicher Körper mehr steht. Dieses Gewirr von Farbtönen erzeugt auf jedem Bild eine andere Stimmung.

2. Stimmungen der Bilder

„Die Kathedrale von Rouen im lichten Nebel"

Die Konturen und Formen der Kathedrale erscheinen durch die herrschende Atmosphäre verschwommen und beinahe aufgelöst. Der Stein verschmilzt mit Luft und Himmel, die filigrane Architektur des gotischen Bauwerks wird entmaterialisiert. Das kontrastarme Bild wirkt – trotz einiger vom Sonnenlicht erhellter Partien – insgesamt kühl.

„Die Kathedrale von Rouen bei vollem Sonnenlicht"

Die Formen der Fassade sind kontrastreicher und wirken reliefartig. Bei den Portalen und der Fensterrose erzeugen die farbigen Schatten und die sich ergebenden Hell-Dunkel-Kontraste eine gewisse Tiefenwirkung. Die Architektur tritt klarer hervor und die durch das Licht farblich veränderte Fassade wirkt heiter und harmonisch.

3. Wirkung der Fotografie

Bei dem Touristenfoto handelt es sich um eine Momentaufnahme von der berühmten gotischen Kathedrale. Sie erscheint in ihrer Senkrechten zwar verzerrt, aber durch die Schwarz-Weiß-Wirkung des Fotos kommt die meisterhaft filigrane Ausführung des Bauwerks besonders gut zur Geltung.

I. Kunstgeschichte: Wegbereiter der Moderne

In der Entwicklung der modernen Malerei am Übergang vom 19. zum 20. Jahrhundert setzten unter anderem van Gogh und Cézanne entscheidende Impulse.

1. Wählen Sie einen der beiden Künstler aus und beschreiben Sie die charakteristischen Merkmale seines Werkes. Gehen Sie dabei auf folgende Gesichtspunkte ein:
   a) Maltechnik
   b) Farbe
   c) Form
   d) Raum

2. a) Nennen Sie die Stilrichtung, die dieser Künstler maßgeblich beeinflusst hat.
   b) Erläutern Sie, wie die Ideen des von Ihnen ausgewählten Künstlers in der neuen Stilrichtung weiterentwickelt wurden.

II. Kunstbetrachtung: Bildvergleich: expressionistisches Gemälde / historische Ansichtskarte

Ihnen liegen zwei unterschiedliche Darstellungen einer Windmühle vor:
ein Gemälde von Emil Nolde mit dem Titel „Die Nordermühle" (1932, Öl auf Leinwand) und eine historische Ansichtskarte mit dem gleichnamigen Motiv aus dem Jahre 1927.

1. Zeigen Sie auf, woran deutlich wird, dass es sich bei dem Gemälde von Emil Nolde um ein Werk des Expressionismus handelt. Analysieren Sie das Bild vor allen Dingen im Hinblick auf
   a) Malweise,
   b) Farbgebung und Farbkontraste.

2. Untersuchen Sie beide Bilder in Bezug auf Raum und Licht.

3. Vergleichen Sie den Bildaufbau beider Darstellungen und fertigen Sie je eine Kompositionsskizze an.

4. Schildern Sie die unterschiedlichen Stimmungen, die die Bilder bei Ihnen hervorrufen. Berücksichtigen Sie dabei den Verwendungszweck der Ansichtskarte.

Das Bild „Die Nordermühle" (1932) von Emil Nolde kann hier aus Kostengründen leider nicht abgedruckt werden.

Du findest es beispielsweise im Internet unter:
http://www.artothek.de/cgi-bin/art_pl/artstart.pl?language=049 (Bildnr. 001522).
Sicher ist dir auch dein/e Kunstlehrer/in bei der Recherche behilflich.

Pellworm, Norder-Mühle

Historische Ansichtskarte: Die Nordermühle

Lösungsvorschlag

I. Kunstgeschichte: Wegbereiter der Moderne

Vincent van Gogh

1. a) Maltechnik

Van Gogh ist ursprünglich Autodidakt, d. h. er erlernt das Malen, indem er zunächst Bilder anderer Künstler kopiert und aus Kunstbüchern lernt. Erst später nimmt er Unterricht und besucht die Kunstakademie.

Durch den Kontakt zu Georges Seurat und Paul Signac lernt er die impressionistische Maltechnik kennen: Die Farben werden ungemischt punktförmig und dicht nebeneinander auf die Leinwand gesetzt, sodass der gewünschte Farbton durch „optisches Mischen" im Auge des Betrachters entsteht.

Obwohl van Gogh der impressionistischen Arbeitsweise bald überdrüssig ist, hinterlässt sie bei ihm die Liebe zu reinen Farben, die er allerdings nicht punktförmig aufsetzt, sondern mit vielen breiten, kurzen, deutlich zu erkennenden Pinselstrichen zu Farbfeldern verbindet. Diese Farbfelder sind gleichmäßig horizontal, vertikal oder schräg geordnet und überlagern sich teilweise gegenseitig. Breite Pinselbahnen begleiten oder begrenzen die Außenkanten der Farbfelder.

Der Farbauftrag ist meist kraftvoll, großzügig und dick (pastos), sodass auf beiden Seiten der Pinselstriche (Pinselhiebe) hohe Farbränder entstehen. Sie werden durch den Einsatz des Palettenmessers (Malspachtel) verstärkt und erzeugen durch ihre reliefartige Struktur plastische Wirkung: Die Farbe ragt aus der Leinwand hervor. Das Auge kommt nicht zur Ruhe, gleitet immer weiter über die stacheligen, oft an ein Geflecht erinnernden Strukturen.

Besonders in van Goghs letzten Jahren entstehen Bilder in schneller Arbeitsweise; hier dominieren die Gestik des Pinsels sowie dynamische Spiralen, Wellenlinien und Schnörkel.

b) Farbe

Van Goghs frühe Bilder wirken dunkel und erdhaft. Unter dem Einfluss der Impressionisten und Neoimpressionisten hellt sich seine Palette jedoch auf.

Er beschäftigt sich intensiv mit der Wirkung und dem Eigenwert der Farbe und löst sich bei seiner Farbwahl an vielen Stellen von der realen Farbgebung in der Natur: Unvermischte, kräftige Farben drücken keine „Impression" mehr aus, sondern zwingen durch ihre „expressive" Ausstrahlung den Blick des Betrachters auf die konkreten Gegenstände. Farbe wird für van Gogh zu einem Medium, um eigene Gedanken und Gefühle auszudrücken, besonders durch starke Gegensätze oder Komplementär-Kontrastfarben. Er will also nicht vorrangig ein Abbild der Natur schaffen, sondern eigene Stimmungen, Gefühle und Ahnungen in seinen Bildern wiedergeben, aber auch bestimmte Wirkungen und Empfindungen beim Betrachter erzeugen. So sollen z. B. seine „Sonnenblumen" beim Betrachter einen frohen Gemütszustand hervorrufen.

c) Form

Van Goghs Kompositionen werden durch die klaren Aussagen japanischer Holzschnitte beeinflusst. Dies zeigt sich in der übersichtlichen Anordnung der einzelnen Motive, die klar voneinander abgegrenzt sind. Gegenstände und Formen werden vereinfacht dargestellt, vieles ist flächenhaft. Volumen und Plastizität werden durch die Farbe bzw. ihren reliefartigen Auftrag erzeugt. Feste Umrisse geben Stabilität, kräftige Pinselschwünge sorgen für Bewegung.

d) Raum

Die Bilder van Goghs haben selten markante Motive. Die Darstellung der Landschaften ist streng durchdacht, klar gegliedert und dimensioniert.

Um Fluchtlinien und perspektivische Verkürzungen besser herausstellen zu können, arbeitet van Gogh mit einem Perspektivrahmen, der nach einer Idee von Albrecht Dürer entstanden ist. Gerne durchbricht er die strengen Regeln der Perspektive zugunsten kühner Verkürzungen in japanischer Manier, die Verschiebung des Hauptmotivs aus der Bildmitte erzeugt besonders starke Wirkung. Ein kompositionelles Gerüst ist jedoch meist nicht zu erkennen.

2. a) Van Goghs zukunftsweisendes Werk mit der symbolisch gesteigerten Farbe, der leidenschaftlich vorgetragenen Form und dem bis hin zum Pinselstrich reichenden Ausdruckswillen steht auf der Schwelle des späten Impressionismus zur Moderne. Es dient den Expressionisten als Quelle reicher Inspiration und zeigt ihnen und anderen Künstlern des 20. Jahrhunderts neue Wege auf.

b) Der Expressionismus ist eine avantgardistische Bewegung, eine Kunstrevolution, die sich gegen die akademische Kunst, den Ästhetizismus und das landläufige Bildungsideal richtet. Die Bezeichnung „Expressionismus" wurde vom Herausgeber des Kunstjournals „Der Sturm" geprägt. Kennzeichnend für diese Strömung sind die geistige Auseinandersetzung mit der Kunst sowie die Suche nach neuen Möglichkeiten des Ausdrucks und der Bildgestaltung.

Die Expressionisten kopieren nicht nur van Goghs rohen Pinselstrich und übernehmen die Zügellosigkeit in der Gestaltung, sondern sie teilen auch seine Suche nach neuen Möglichkeiten des Ausdrucks, bei dem nicht die äußere Gestalt, sondern der innere „Seelenzustand" eine Rolle spielt. Sie sind bestrebt, soziales Engagement, innere Empfindungen, den seelischen Zustand, das Elementare zu veranschaulichen. Stimmungen werden durch deutliche Kontraste zwischen den rein und ungebrochen verwendeten Farben, durch eine Abstraktion der Formen und durch die Abkehr von Schattenbildung und Perspektive ausgedrückt. Die Expressionisten verzichten auf eine naturgetreue Wiedergabe von Form und Farbe des Dargestellten und versuchen, dadurch eine subjektive Reaktion auf die Wirklichkeit zu erzielen.

Im Unterschied zu der um Harmonie der Farben und Formen bemühten Malerei der Impressionisten bedienen sich die Expressionisten häufig einer grellen, expressiven und großflächigen Farbigkeit und steigern die Ausdruckskraft ihrer Bilder durch die Darstellung deformierter, hart und ungebrochen wirkender Formen.

Im deutschen Expressionismus dominiert vielfach der Ausdruck von Schwermut, Weltschmerz und Zukunftsangst, verbunden mit einer mystisch-religiösen Gedankenwelt.

Die Stilmittel des Expressionismus erinnern bisweilen an die unbekümmert-grelle Farbgebung europäischer Volkskunst und an die durch den Kolonialismus nach Europa gelangte Kunst afrikanischer Naturvölker, denen die Expressionisten große Beachtung schenken.

Paul Cézanne

1. Cézannes Malerei zeichnet sich durch eine volumenbetonte und klare Erfassung der Formen aus. Die Natur bietet ihm einen Vorrat an plastischen Formen, die durch Vereinfachung an Kraft gewinnen sollen. Cézanne ist davon überzeugt, dass das Auge im Kontakt mit der Natur „erzogen" wird.

a) Maltechnik

Cézanne entwickelt eine sehr langsame Malweise, die sich an die klassischen Techniken anlehnt: Schrittweises, behutsames Herantasten an das Motiv, schichtweises Herausarbeiten des Raumes und seiner Formen.

Die deckende, teilweise aber auch transparente, an ein Aquarell erinnernde Malweise verzichtet auf Oberflächeneffekte. Die Farben werden mit deutlichen Pinselspuren nebeneinander gesetzt. Abwandlungen und Veränderungen der Farbigkeit sorgen für räumlich-körperliche Wirkungen. Cézanne selbst nennt diese Art, mit Farbe umzugehen, „Modulieren". Er verbindet Umrisse, kräftige Hell-Dunkel-Unterschiede und oft auch verschiedene Farbauftragsweisen im gleichen Bild.

Für Cézannes Malweise bildet das im Atelier aufgebaute Stillleben den idealen Gegenstand.

b) Farbe

Kalte und warme Farben sind für Cézanne Mittel, um Volumen zu erzeugen. Seiner Meinung nach beruht die Kraft der Farben nicht auf reinem Kontrast, sondern auf dem harmonischen Zusammenspiel verwandter Farbtöne. Oft kehrt Cézanne aber auch die alte Malerregel, kräftige, warme Farben im Vordergrund einzusetzen, um.

Für Cézanne gibt es in der Natur nichts als Kontraste. Alles ist für ihn „lichtdurchdrungen", auch Schatten werden farbig gestaltet.

Intensiv beobachtet Cézanne die Oberflächenfarben der Objekte, denn er ist davon überzeugt, dass sie auch ein inneres Erscheinungsbild widerspiegeln.

Mit den Kontrastwirkungen absolut gesetzter Farben und seiner Formgestaltung erreicht Cézanne eine neue Bildordnung, die nicht mehr primär abbildet, sondern die Eigenständigkeit des Bildes entfaltet.

c) Form

Die Formen werden auf einfache, voluminöse geometrische Körper zurückgeführt: So malt Cézanne z. B. häufig Äpfel, weil sie beinahe kugelförmig sind. Personen sind oft als Kombinationen von Kugel- und Zylinderfragmenten dargestellt und erscheinen daher geradezu roboterhaft.

Bei komplizierten, gewundenen Formen, Körperbewegungen, Falten von Tüchern oder Ansammlungen von Gegenständen setzt sich der Wille zur Vereinfachung jedoch nicht immer vollständig durch. Das gilt auch für die Differenziertheit und Weichheit in der Darstellung der Pflanzen- und Mineralwelt.

Plastizität erzielt Cézanne allein durch Farbmodellierung (Modulierung) und durch die entsprechende Anordnung seiner abstrahierten Formen (geordnete Bildfläche). Motiv und Hintergrund sind selten klar voneinander getrennt.

d) Raum

Cézanne befreit seine Bildkompositionen von dem jahrhundertelangen Zwang der Zentralperspektive: Raum und Gegenstand werden nicht mehr der einheitlichen, von einem Blickpunkt (Blickwinkel) ausgehenden Sicht unterworfen, sondern der inneren Logik des Bildaufbaus.

Perspektive wird nur mithilfe von Farbe hergestellt. Auf diese Art und Weise schafft Cézanne mit malerischen Mitteln nicht nur Körperlichkeit, sondern auch Räumlichkeit, die er aber begrenzt: Sie soll nicht zu stark sein.

Als Hintergrund dienen oft flache Flächen (besonders bei Porträts und Stillleben), damit die davor dargestellten Gegenstände mehr Volumen bekommen. Cézanne kehrt aber auch die Farbwirkungen (der Farbperspektive) um, indem er kalte Farben in den Hintergrund setzt und ihn dadurch scheinbar hervortreten lässt.

Eine begrenzte Raumtiefe erreicht Cézanne auch durch das Übereinanderschieben von Gegenständen. Der stark pastose Farbauftrag sorgt für eine reliefartige Wirkung.

2. a) Cézanne gilt als Urheber des Kubismus.

b) Cézannes gestalterisches Ziel, die Erfassung der Natur durch einfache geometrische Körper wie Zylinder, Kugel und Kegel, wird insbesondere von Pablo Picasso und Georges Braque aufgenommen. Sie versuchen, die Formen der Gegenstände neu zu begreifen und lösen sich von den vertrauten Erscheinungsbildern. Es bleiben nur noch konstruktive Elemente übrig: Der Kubismus entsteht. Er ist in mehrere Phasen unterteilt und erstreckt sich über die Jahre 1907 bis 1915.

In seiner ersten Phase führt der Kubismus die darzustellenden Gegenstände auf ihre stereometrischen Grundformen (Kugel, Kubus, Zylinder, Kegel) zurück, zerlegt sie und verbindet ihre Elemente simultan zu flächigen Bildgefügen, wobei die Farbe eine untergeordnete Rolle spielt (analytischer Kubismus).

In der zweiten Phase, vor allem durch Werke von Juan Gris vertreten, wird die Form konstruiert aus Formelementen zusammengesetzt. Die prismatische Zerlegung wird ebenso aufgegeben wie die Farbaskese; der Linie erkennt man wieder eine Ausdrucksfunktion zu (synthetischer Kubismus).

Die Künstler wollen ihre Motive nicht so darstellen, wie sie das Auge aus einem bestimmten Blickwinkel wahrnimmt, sondern so, wie sie im Geiste gesehen werden: Man schaut in das Objekt hinein, sieht gleichzeitig mehrere Perspektiven und stellt sich die Funktion dazu vor. Die Bilder zerfallen in frontale Ansichten, Ansichten von unten, von der Seite und von oben sowie Einblicke nach innen.

Der Kubismus, zu dessen Bildtechniken auch die Collage gehört, verbindet die visuelle mit der geistigen Erfahrung und schafft wichtige Voraussetzungen für das Entstehen abstrakter Kunst.

II. Kunstbetrachtung: Bildvergleich: expressionistisches Gemälde/historische Ansichtskarte

1. a) Malweise

Das Gemälde von Emil Nolde zeigt in groben Formen und Umrissen eine Landschaft mit einer Kornmühle oberhalb eines Sees. Zwei Mühlenflügel sind am oberen Bildrand angeschnitten, der See wird vom linken und vom unteren Bildrand begrenzt.

Alle Bildelemente sind sehr vereinfacht wiedergegeben, auf die Darstellung von Details wurde verzichtet. Das Bild wirkt impulsiv, mit zügigem Strich spontan gemalt.

b) Farbgebung und Farbkontraste

Drei lichte Flecken heben sich in dem großflächig angelegten Gemälde ab: die Wolken, ihr Widerschein im Wasser und der weißliche Sockel der Mühle.

Die ungebrochenen Farbflächen sind so rein, dass jede für sich leuchtet: Ein Violett wurde für den unteren Teil des Himmels, den See, die dunklen Partien der Mühle und für eine angedeutete Ebene in der blau-gelb-grünen Wiese benutzt. Darüber und daneben finden sich Orangetöne auf gelbem Grund: Abendröte kündigt die beginnende Nacht an. Das kalkige Weiß des Mühlensockels spiegelt sich im See als heller Fleck.

Starke Kontraste geben Noldes Empfindungen und Gefühle in dieser abendlichen Stimmung wieder. Es geht nicht darum, die Natur abzubilden.

Die in ihrer ursprünglichen Ausdruckskraft eingesetzten Farbflächen verleihen dem Bild eine starke Intensität und werden zu Ausdrucks- und Bedeutungsträgern. Durch den Einsatz von Hell-Dunkel- und Kalt-Warm-Kontrasten sowie von Qualitäts- und Komplementärkontrasten wird eine psychologische Spannung aufgebaut.

2. Raum und Licht

Nolde

Perspektive, Proportionen und Räumlichkeit werden von Nolde vernachlässigt; Flächenhaftigkeit herrscht vor. Eine Ausnahme bildet die Mühle, die eine geringe Plastizität erkennen lässt. Die gelben und orangen Farbflächen treten hervor, können die grundsätzlich dunkle Farbgebung des Gemäldes aber nur partiell abmildern.

Ansichtskarte

Auf der Ansichtskarte herrscht eine helle, luftige Atmosphäre. Durch Fluchtlinien (Wege), Verkleinerungen mit zunehmender Entfernung (Gebäude) und entsprechende Abstandsverkürzungen (Telegrafenmaste) hat das Foto große Raumtiefe.

3. Bildaufbau

Nolde

Eine starke Horizontlinie teilt das Bild in der Mitte waagerecht auf. Zwei von der Mühle ausgehend gedachte Linien, die im gleichen Winkel zu den Wolken und dem See stehen, verbinden sich zu einem stabilisierenden Dreieck.

Diese drei durch eine Art verstrebte Komposition verbundenen, gleichwertigen Bildelemente erzeugen eine Ausgewogenheit, die im Bildgefüge das Drängen der Farben nach außen bändigt. Sie bilden aber auch drei Spannungspunkte.

Der Blick des Betrachters fällt schräg von oben auf die Landschaft.

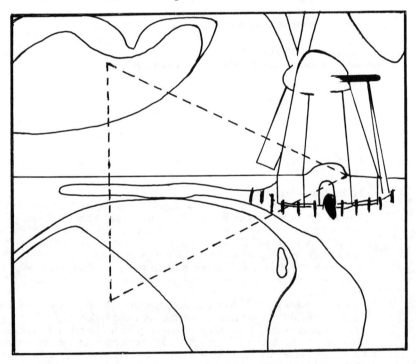

Alle natürlichen, landschaftlich bedingten Fluchtlinien treffen sich am Sockel der Mühle, die, obgleich außerhalb der eigentlichen Bildmitte gelegen, den nach links versetzten, alles überragenden Mittelpunkt bildet. Der Blick des Betrachters kommt von schräg unten.

4. Stimmungen

Nolde
Trotz des in aller Intensität dargestellten, sich auch teilweise im See spiegelnden Sonnenuntergangs herrscht in dem in norddeutscher Schwere gemalten Bild eine fast bedrohliche Abendstimmung.

Ansichtskarte
Die leichten Wolkenbildungen stören die auf dem Foto widergespiegelte helle, luftige Stimmung des Küstenhinterlandes nicht.

I. Kunstgeschichte: Malerei des Barock

Das Barockzeitalter kann als die an Ausdrucksformen reichste Epoche der abendländischen Kultur bezeichnet werden.

1. Zeigen Sie zeitgeschichtliche Hintergründe auf, die die Malerei des Barock beeinflussten.

2. In der Darstellung des Raumes, des Lichtes und der Stofflichkeit unterscheidet sich die barocke Malerei wesentlich von anderen Stilrichtungen.
   Charakterisieren Sie diese drei Bereiche in der Malerei des Barock.

3. In der Malerei des Barock ist der Bildaufbau von besonderer Bedeutung.
   Stellen Sie die wesentlichen Neuerungen in der Bildkomposition dieser Stilepoche vor.

4. Neue Themen und Bildinhalte begeisterten die Maler des Barock.
   Geben Sie eine Übersicht über die verschiedenen Bildgattungen.

II. Kunstbetrachtung: Bildvergleich: Paul Cézanne / Pablo Picasso

Ihnen liegen die Reproduktionen folgender Gemälde vor: „Die großen Badenden" (1898–1905, Öl auf Leinwand) von Paul Cézanne und „Les Demoiselles d'Avignon" (1907, Öl auf Leinwand) von Pablo Picasso.

1. Zeigen Sie auf, inwiefern Cézannes Gemälde „Die großen Badenden" Vorbild für Picassos Bild war.

2. Untersuchen Sie die Weiterentwicklung der Ideen Cézannes in Picassos Gemälde „Les Demoiselles d'Avignon". Berücksichtigen Sie dabei vor allem folgende Bereiche:
   a) Form
   b) Plastizität
   c) Räumlichkeit

3. Beschreiben Sie die Komposition beider Bilder und fertigen Sie dazu jeweils eine Skizze an.

Paul Cézanne (1839–1906), Die großen Badenden (1900/1905);
Philadelphia Museum of Art; www.visipix.com

Pablo Picasso, Les Demoiselles d'Avignon (1907);
© Succession Picasso / VG Bild-Kunst, Bonn 2006

Lösungsvorschlag

I. Kunstgeschichte: Malerei des Barock

1. Zeitgeschichtliche Hintergründe

In Rom entwickelt sich der barocke Stil bereits Ende des 16. Jahrhunderts und breitet sich dann in unterschiedlichster Ausprägung in ganz Europa aus. Am Beginn dieses Zeitalters steht der Dreißigjährige Krieg (1618–1648), an seinem Ende die Französische Revolution (1789).

Künstler, die in Rom gewesen waren, bringen die neue Kunstform in die Länder nördlich der Alpen mit. Eine weitere Förderung erhält der Barock in der Zeit der Gegenreformation durch die römische Kurie, insbesondere durch Mitglieder des Jesuitenordens: Der neue Kunststil dient der Werbung für den katholischen Glauben. Im Gegensatz dazu lehnen die Protestanten jegliche Kunst im Dienste der Religion ab.

Die Geisteshaltung der Bevölkerung ist durch die Gegenreformation gekennzeichnet, aber auch durch die Aufklärung und die Anfänge der modernen Wissenschaften. Krieg und Pest prägen das Bewusstsein der Menschen für die Vergänglichkeit und auch die Spannung zwischen mystischer Frömmigkeit und weltlicher Daseinsfreude beeinflusst das Denken.

In der Gesellschaft vollzieht sich ein Führungswechsel: Die politischen Kräfte des Bürgertums treten zurück, Kirche und Hochadel setzen ihren Willen durch, drücken der Kunst wieder ihren Stempel auf und nehmen ihr damit die in der Renaissance mühsam errungene Selbstständigkeit. Hierdurch findet ein stilistischer Umschwung von der gelassenen Ruhe der Renaissance hin zur pathetischen Bewegung des Barock statt.

Die protestantischen Länder im Norden bleiben trotz der barocken Gestaltungsprinzipien der Renaissance und ihren klassizistischen Spätstufen verhaftet: Sie schlagen mit dem so genannten „Barockklassizismus" eine eigene Richtung ein. Die Maler der Niederlande und die Flamen entwickeln sich zu den „Großen Meistern" der Zeit.

Im katholischen Frankreich erreicht der Absolutismus seinen Höhepunkt. Durch die Verherrlichung des absolutistischen Herrschers Ludwig XIV., des Sonnenkönigs, bildet sich aber auch hier eine eigene, sich gegen Rom abgrenzende Form des „Barockklassizismus".

Der Barock findet keine neuen Formen, sondern führt die Kunstform der Renaissance weiter und verändert sie zum Effektvollen hin. Dabei macht die barocke Kunst sich Stilmittel zu Eigen, durch die bereits der Norditaliener Caravaggio eine dramatische, die Sinne aufrüttelnde Wirkung seiner Werke erzielte: plastizierende, realistisch erfasste und gesteigerte Lichtführung, lebendige Bewegung, genaue Ausarbeitung der Details. Caravaggio gilt daher auch als Wegbereiter der Barockmalerei.

2. Raum

Die Kunstwerke des Barock – am deutlichsten die Ausgestaltungen der monumentalen Decken- und Wandfresken – täuschen häufig eine scheinbar unendliche Weite des Himmels vor. Diese Wirkung wird durch eine raffinierte, bis dahin unbekannte Technik der perspektivischen Verkürzung sowohl der dargestellten Architektur als auch der Figuren ermöglicht. Die auf diese Art und Weise perspektivisch konstruierte Scheinarchitektur verbindet man mit der Darstellung von Räumlichkeit und einer virtuosen Farbgebung. Dadurch soll die Decke optisch durchbrochen werden und den Menschen ein von Heiligen bevölkertes Licht- und Wolkenreich jenseits von Raum und Zeit öffnen.

Auch in der Tafelmalerei bemühen sich viele Barockmaler um die Darstellung eines grenzenlosen Raums und um die Ausarbeitung von Perspektive. Besonders in den Niederlanden wird eine perfekte Beherrschung von Perspektive, Anatomie, Proportion sowie Licht- und Schattenverteilung entwickelt: Die dargestellten Landschaften scheinen sich in unbegrenzte Fernen zu erstrecken.

Neben dieser „Raummalerei" entwickelt sich im 18. Jahrhundert in Venedig die so genannte „Veduten-Malerei", d. h. die topografisch genaue Wiedergabe von Stadtbildern.

Licht

Licht ist in barocken Gemälden oft mehr als nur ein bildnerischer Faktor. Es kann in natürlicher oder symbolischer Form zum Einsatz kommen und ist dann mit dem Eigen- bzw. Darstellungswert der Farbe aufs Engste verbunden. Zu metaphysischer Wirkung gesteigert, verklärt es beispielsweise Heiligendarstellungen. Extreme Hell-Dunkel-Kontraste von Licht und Schatten erhöhen außerdem die dramatische Wirkung vieler Gemälde: Das Licht schafft atmosphärische Wirkung, vereinheitlicht alles Dargestellte oder lässt es aufglühen bzw. im Schatten versinken.

Gerade bei Nachtdarstellungen sind Licht und Schatten Ausdrucksträger: Sie legen die Körper im Raum fest, lassen Personen aus geheimnisvollem Dunkel hervortreten.

Das Licht dient aber auch als Gestaltungs- und Ausdrucksmittel für leiblich-seelische Vorgänge.

Stofflichkeit

Die Oberflächen der dargestellten Objekte werden in illusionistischer Weise wiedergegeben. Man fängt ihr Aussehen in einem bestimmten Augenblick ein und hält damit vergängliche Erscheinungen wie in einer Momentaufnahme fest.

Viele Maler des Barock beherrschen die detaillierte Darstellung von Gegenständen und die überzeugende Wiedergabe von Stoff- und Hauttexturen. Besonders bei Stillleben fesselt die realistische Wiedergabe des Stofflichen: Die Gegenstände scheinen wie zum Anfassen echt zu sein.

3. Bildaufbau

In den katholisch beeinflussten Ländern (außer Frankreich) steht die dynamische Komposition voller Bewegung, Dramatik und Theatralik im Vordergrund: Das Geschehen scheint auf einer Bühne stattzufinden. Oft handelt es sich bei den bildlichen Darstellungen um genau durchdachte Inszenierungen, in deren dramatisch gestalteten Szenen es – wie auf der Bühne – Haupt- und Nebenmotive gibt. Auch lyrische Empfindungen kommen zum Ausdruck. Die Kunstwerke sind von starkem Bewegungsdrang, besonderer Prachtentfaltung und von Illusionismus gekennzeichnet.

Deutlich erkennbar ist häufig auch eine Diagonale im Kompositionsschema. In der Decken- und Wandmalerei, die durch starke perspektivische Verkürzungen unendliche Weiten vortäuscht, findet eine Verschmelzung von Architektur, Plastik und Malerei zum Gesamtkunstwerk statt.

Die französischen Maler orientieren sich hauptsächlich an den ausgewogenen Kompositionen der Renaissance. Durch das Einarbeiten weiterer Objekte in den Vordergrund erreichen sie zusätzliche Raumtiefe.

Anders dagegen die Maler der Niederlande, die in realistischer Malweise die vor Ort erfahrene Landschaft als charakteristischen Lebensraum der darin lebenden und arbeitenden Menschen darstellen.

Realistische Porträts werden häufig vor einen neutralen, undefinierbaren Hintergrund gesetzt, damit es zu keiner Ablenkung vom Dargestellten kommt.

Im Stillleben stellt man die darzustellenden Dinge nach neuen ästhetischen und künstlerischen Gesichtspunkten dekorativ zusammen, ohne dabei auf eine naturgetreue Anordnung Rücksicht zu nehmen.

4. Themen und Bildinhalte

Das Spektrum barocker Malerei umfasst hauptsächlich die Bereiche Historienmalerei, Landschaftsmalerei, Porträts, Genre, Stillleben und Allegorie. Allerdings werden in den verschiedenen Ländern auch unterschiedliche Schwerpunkte gesetzt. Von einem einheitlichen, die ganze Epoche und die Länder Europas umfassenden „Zeitstil" kann daher kaum gesprochen werden.

In den katholischen, gegenreformatorisch beeinflussten Ländern steht die Historienmalerei im Vordergrund. Besonders dramatische Momente, die mit großer Sachkenntnis aus der mythologischen, biblischen oder historischen Literatur ausgewählt werden, dienen als Vorlage für bewegte und effektgeladene Bildkompositionen wie z. B. Szenen von Ekstasen, Martyrien oder wunderbaren Erscheinungen. Dabei versuchen die Künstler, Affekte wie Leidenschaft, ekstatische Frömmigkeit oder weltbejahende Daseinsfreude auf den Gesichtern der Personen festzuhalten. Gleichnishafte Darstellungen des menschlichen Daseins entstehen; Herrscher und Heilige werden verklärt, Menschen in flatternden Gewändern und pathetischen Posen sind beliebte Motive.

Häufig wird das Sinnlich-Körperhafte betont, vorherrschend sind jedoch Darstellungen stürmischer Bewegtheit und leidenschaftlicher Dynamik. Hierfür greift man zu starken Kontrasten und Spannungsfeldern, z. B. Lebensfreude vs. Vergänglichkeit, Weltliches vs. Geistliches, Tugend vs. Laster, Ruhe vs. Bewegung, Licht vs. Dunkelheit.

Besonders die Wand- und Deckenmalerei (Repräsentationskunst) gewinnt eine bis dahin nicht gekannte und seither nie wieder erreichte Bedeutung. In Kirchen und Schlössern werden Decken, Kuppeln und Wände mit monumentalen Fresken heilsgeschichtlichen bzw. mythologischen Inhalts überzogen. Mit illusionistischen Mitteln wird der Eindruck erweckt, als gingen die Räume nahtlos in den Himmel über.

Daneben entstehen monumentale, als Wandfelder konzipierte Leinwandgemälde mit ähnlichen Themen. Altaraufbauten in großen katholischen Kirchen zeigen die barocke Prachtentfaltung in vollem Ausmaß: Bildliche Darstellungen der christlichen Heilsgeschichte lösen Staunen, Überraschung und Überwältigung beim Betrachter aus.

Im katholischen Spanien erlebt die realistische Malerei eine Blütezeit. Kräftige Licht- und Schattengebung zielen auf eine plastische Wirkung ab. Die dargestellten Personen sind keine Vorbilder, sondern Individuen mit eigener Persönlichkeit. Besonders beeindruckend sind die Darstellungen von Angehörigen des spanischen Hofes und Genrebilder.

Die Werke der französischen Maler sind eher klassizistisch.

In Flamen entstehen kraftvolle, sinnliche und theatralische Werke, die der höfischen Repräsentation dienen. Daneben werden aber auch häusliches Leben und Alltagsszenen mit großer Detailtreue festgehalten.

Die protestantisch-calvinistischen Nordniederlande (Holland) waren eine reiche Handelsnation bürgerlicher Prägung. Dies schlug sich auch in einer selbstständigen und anders gearteten Kunstauffassung nieder: Landschaftsmalerei, bürgerliches Porträt und Genremalerei dominieren noch vor der Historienmalerei. Alle Gattungen können jedoch auch als Allegorien (bildliche Veranschaulichungen abstrakter Begriffe) angelegt sein. Nüchternheit, Schlichtheit und Wahrheit in der Erfassung der Welt sind gefragt, damit die Kunst für jedermann verständlich wird. In einer präzisen, bisweilen geradezu pedantisch genau abbildenden Technik der Feinmalerei werden Bilder geschaffen, die das Leben einerseits in seiner Realität spiegeln und andererseits symbolhaft verschlüsseln.

Mit dem Barock beginnt eine Blütezeit der Landschaftsmalerei. Sie beinhaltet auch allegorische Elemente, denn sie soll gleichzeitig die Wahrheit und Schönheit der göttlichen Schöpfung vermitteln. Alle erdenklichen Motive können so zu Gleichnissen für Schönheit und Vergangenheit, für Lebenssinn und Glauben werden. Ideale Schönheit wird mit Naturnähe verbunden. Einige Landschaftsbilder werden von den Malern jedoch auch im Atelier entworfen.

Im Porträt und im Selbstporträt werden geistig-seelische Vorgänge sichtbar gemacht und durch partielle Beleuchtung dramatisiert.

Das Stillleben erfährt gerade in der niederländischen Malerei eine starke Spezialisierung; verschiedene Gattungen wie z. B. Blumen-, Gemüse-, Jagd-, Bücher- oder Vanitasstillleben entstehen.

Als eine eigene Bildgattung muss außerdem das Sittengemälde angeführt werden. Dabei handelt es sich um die Darstellung von Szenen, die sich z. B. in verbotenen Spelunken abspielen: Rauchende, singende, spielende oder sich verprügelnde Zecher, Bauern, Musikanten, Soldaten und Dirnen sind beliebte Motive.

II. Kunstbetrachtung: Bildvergleich: Paul Cézanne/Pablo Picasso

1. Das Vorbild

Ein intensives Studium der von Cézanne erarbeiteten Gestaltungsprinzipien ist für Picasso der Anlass, die Formen der Natur ebenso wie die des menschlichen Körpers geometrisch zu sehen. Er will nicht nur Bildgegenstände, sondern das Bild selbst konstruieren und fertigt für sein Gemälde „Les Demoiselles d'Avignon" daher zahlreiche Vorstudien an. Es geht ihm darum, dem Abbild der Natur ein Gegenbild gegenüberzustellen und die bemalte Fläche selbst zu einem Gebilde zu machen. Hierzu dient ihm Cézannes Werk „Die großen Badenden" in formaler Hinsicht als Vorbild.

Im Aufbau übernimmt Picasso teilweise Cézannes Dreieckkonstruktionen, allerdings nicht so geordnet. Cézannes „Große Badende" wirken nicht wie wirklichkeitsnahe Abbildungen von Menschen in unterschiedlichen Positionen, sondern, vor allem durch die vereinfachten Proportionen, wie Figuren oder Gliederpuppen. Die Frauenkörper sind ohne Rücksicht auf anatomische Richtigkeit so modelliert, dass sie in ein System von Dreiecken passen. Die dargestellten Personen sind keine Individuen mehr, sondern Objekte, proportional unstimmige, abstrahierte Körper in unnatürlicher Haltung, anonyme Wesen ohne Persönlichkeit und Ausdruck.

Picassos „Demoiselles" sind in ähnlich starrer, fast plumper Weise im Bild angeordnet; teilweise sind die Gestalten kaum als menschliche Körper identifizierbar. Wie Cézanne kommt es Picasso in erster Linie auf das malerische Ensemble an. Auch er benutzt nur wenige deckende Farben und übernimmt sowohl den Hell-Dunkel- wie auch den Kalt-Warm-Kontrast. Die räumliche Tiefe ist in beiden Arbeiten begrenzt, doch heben sich Picassos Frauenkörper besser vom Hintergrund ab, während Cézannes Figuren nicht klar voneinander abgetrennt sind. Trotz ihrer Nacktheit haben die dargestellten Frauen in keiner der beiden Arbeiten erotische Ausstrahlung.

2. a) Form

Puppenhaft und starr stehen uns in Picassos Werk fünf Akte gegenüber.

Der Körper der scheinbar von links ins Bild schreitenden Frau erinnert an eine altägyptische Holzskulptur, ihr Gesicht an Darstellungen von Gauguin.

Die beiden mittleren, in ihrer Gestalt stark vereinfachten, aber in aufreizender Pose dargestellten Frauen haben ausdruckslose Gesichter mit großen „iberischen Augen" und in Seitenansicht wiedergegebenen Nasen. Sie wirken fast wie Schönheiten, ganz im Gegensatz zu den beiden auf der rechten Seite dargebotenen Frauenkörpern: Ihre deformierten Gesichter erinnern an die Masken afrikanischer Stämme. Auch die angedeuteten Schraffuren (die hier als Schatten wirken) lassen an die Körperbemalungen von Naturvölkern denken. Die Darstellung dieser beiden Frauen hat fast keine Natürlichkeit mehr. Hier wurde der entscheidende Schritt zum Abstrakten hin gemacht: Von der Nachahmung natürlicher Formen kommt Picasso zu einer Deutung der Realität in einer der Malerei vorbehaltenen Bildersprache. Das gilt

nicht nur für die wie mit einem Beil behauenen Körper, sondern auch für die unterschiedlichen Vorhänge, die das Bild von hinten und an den Seiten beschließen.
Unten rechts, hinter einer abstrahiert dargestellten Obstschale (übrigens einem eigenständigen, kubistisch anmutenden Stillleben), ist eine breitbeinig dasitzende Frau zu sehen. Picasso zeigt hier, was ein Betrachter sehen würde, wenn er um diese Figur herumginge: Gesicht, Rücken, gespreizte Beine und Brüste, also eine Vielzahl von Ansichten aus unterschiedlichen Perspektiven, die alle in einer Darstellung verbunden sind.
Bei allen Körpern wird auf anatomisch richtige Proportionen verzichtet. Teilweise ist die Darstellung von starken Deformationen und einer Reduzierung auf geometrische Formen wie Rhomben und Dreiecke geprägt.
Die systematische Vereinfachung aller formalen und konstruktiven Elemente macht Picassos Bild zum Ausgangspunkt für den Kubismus.

b) Plastizität

Die Körper sind gleichzeitig in Vorder- und Seitenansicht, in einem Fall sogar zusätzlich in Rückenansicht dargestellt. Ihre Formen werden durch Konturlinien, Schraffuren und flächigen, teilweise aber auch modellierenden Farbeinsatz betont. Die Körper wirken jedoch flach, die Gesichter maskenhaft. Picasso verwendet nur wenige Farben, um die Komposition trotz aller stilistischen Disharmonie zusammenzuhalten.

c) Räumlichkeit

Durch die Farbkontraste des Hintergrundes (Rotbraun, Weißgrau und Blau) wird das Bild in drei unregelmäßige, vertikale Zonen geteilt und gleichzeitig streng geordnet.
Der Raum, in dem sich die fünf Frauen befinden, ist nicht definierbar, eine Raumillusion wird nur durch die Überschneidungen der einzelnen Akte erreicht. Die eckigen Falten des blauen Vorhanges und seine weißen Glanzlichter verraten den Einfluss Cézannes und seiner Technik, Raum durch Flächen und Facetten darzustellen: Auch hier kündigt sich der Kubismus an.

3. Komposition

„Die großen Badenden"
„Die großen Badenden"
sind in dem beinahe quadratischen Gemälde so
gruppiert, dass sich in
ihrer Körperhaltung und
ihren Gesten das Dreieck
wiederholt, das den Horizont in den schrägen
Baumstämmen bildet.
Nur durch die Wiederholung einer einfachen
Form wird also eine Verbindung von Personen
und Landschaft hergestellt.

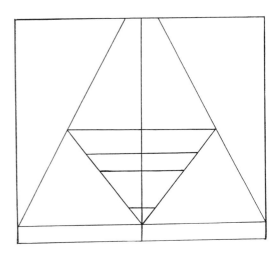

„Les Demoiselles d'Avignon"

Picassos Werk ist zwar ebenfalls quadratisch, aber, wie anhand der Kompositionsskizze zu sehen, kein symmetrisches Ganzes. Durch die in der Mitte stehende Frau verläuft eine Mittelachse, die sich im Stillleben fortsetzt. Die außen stehenden Frauen sind in Form von Dreiecken angeordnet, die Hockende bildet zwei zusammenhängende, schräg auf der Spitze stehende Dreiecke. Durch die Dreiteilung wirkt das Bild so, als ob man seine beiden Seitenflügel wie bei einem Altarbild einklappen könnte.

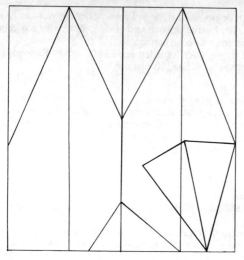

I. Kunstgeschichte: Malerei des Impressionismus

Im Jahre 1874 wurde in Paris das Bild Claude Monets mit dem Titel „Impression – soleil levant" (Eindruck – Sonnenaufgang) ausgestellt. Es gab dem Impressionismus seinen Namen.

1. Schildern Sie, welche Einflüsse den impressionistischen Stil begünstigten und welche Anregungen die Künstler aufnahmen.

2. Charakterisieren Sie die Neuerungen des impressionistischen Stils bezüglich:
   a) der Bedeutung des Lichts,
   b) der Malweise und Farbgebung,
   c) der Konzeption.

3. Erläutern Sie die Begriffe:
   – Lokalfarbe,
   – Erscheinungsfarbe.

4. Bestimmte Themen faszinierten die impressionistischen Maler besonders. Benennen Sie diese und begründen Sie die Vorliebe dafür.

II. Kunstbetrachtung
Bildvergleich: Wegbereiter der Moderne / Nationalsozialismus

Ihnen liegt die Reproduktion des Bildes „Sämann bei untergehender Sonne" (1888, Öl auf Leinwand, 73,5 × 93 cm) von Vincent van Gogh vor.

1. Begründen Sie, warum Vincent van Gogh als ein „Wegbereiter der Moderne" gilt.

2. Analysieren Sie das Bild „Sämann bei untergehender Sonne":
   a) Beschreiben Sie kurz den Inhalt des Bildes.
   b) Erläutern Sie die Komposition.
   c) Untersuchen Sie die Farbgebung.
   d) Charakterisieren Sie die Malweise.

3. Außerdem liegt Ihnen eine Reproduktion eines Bildes aus der Zeit des Nationalsozialismus vor: „Der Sämann" (1937, Öl auf Holz, 253 × 163 cm) von Oskar Martin-Amorbach. In dieser Zeit war es üblich, die Landarbeit zu verherrlichen.
   a) Zeigen Sie in Abgrenzung zu van Gogh auf, wie dies hier verwirklicht wurde. Gehen Sie dabei auf folgende Aspekte ein:
      – Inhalt
      – Komposition, Farbgebung und Malweise
   b) Schildern Sie Ihren persönlichen Eindruck von diesen verschiedenen Darstellungen der Landarbeit und begründen Sie Ihre Meinung.

Vincent van Gogh, Sämann bei untergehender Sonne (1888); www.visipix.com

Oskar Martin-Amorbach, Der Sämann (1937)

Lösungsvorschlag

I. Kunstgeschichte: Malerei des Impressionismus

1. Großen Einfluss auf die Malerei der Impressionisten hatte die Erfindung und Weiterentwicklung der Fotografie in der Mitte des 19. Jahrhunderts. War die Malerei des Realismus noch davon geprägt, alle Bildgegenstände so naturalistisch wie möglich abzubilden, machte die Fotografie diese Technik überflüssig. Die Impressionisten ließen sich aber auch von der neuen Technik anregen. So dienten Fotografien als Skizzen, die im Atelier ausgearbeitet wurden und vor allem bei Porträtisten lange Sitzungen ersetzten. Schnappschussartige Momentaufnahmen fangen die momentane Stimmung und die Lichtwechsel ein. Die Ausschnitthaftigkeit der Fotografie findet sich aber auch im Bildaufbau vieler Impressionisten wieder: Figuren werden an den Rand gesetzt oder angeschnitten, eng gedrängte Bildteile stehen fast leeren großen Flächen gegenüber.
Daneben fließen neue Erkenntnisse der Optik, besonders der Farbwahrnehmung (additive Farbmischung und Simultankontrast) in die Malerei ein.
Aber auch die Weiterentwicklung in der Farbindustrie, die nun Ölfarben in großen Mengen und in Tuben anbieten konnte, trug zur Entwicklung des Impressionismus bei, denn durch diese Neuerung wurde ein pastoser Farbauftrag erschwinglich.
Auch japanische Holzschnitte, die durch neue Handelsbeziehungen in vielen Großstädten angeboten wurden, beeinflussten die impressionistischen Maler. Hier waren es vor allem der spannungsreiche Bildaufbau, die ungewöhnlichen Blickwinkel und die Darstellungsform des Lichts, die die Maler anregten.
Beeinflusst wurden die Impressionisten auch durch William Turner, der zwar der romantischen Malerei zuzuordnen ist, der aber schon damit beginnt, die Form zugunsten der stimmungsvollen Wiedergabe von Licht und Bewegung aufzulösen.

2. a) Bedeutung des Lichts
Die Impressionisten studierten die Reflexe des Lichts in der Natur sehr genau. Die Darstellung des Lichts wird zur zentralen Bildidee. In Bildserien wird der Wandel des Lichts auf Gegenständen festgehalten.

b) Malweise und Farbgebung
Die Malweise ist schnell und spontan mit kurzen, rhythmischen Pinselstrichen. Die Farben werden pastos und ungemischt nebeneinander auf die weiß grundierte Leinwand gesetzt und bleiben ohne Übermalung, alla prima oder sie werden direkt auf der Leinwand gemischt. Die Impressionisten verwenden reine Farben, die Palette besteht aus Spektralfarben. Auf Schwarz wird fast völlig verzichtet. Schatten werden in Blau- und Violetttönen dargestellt.

c) Komposition
Figuren und andere Bildgegenstände werden spannungsvoll arrangiert. Teilweise werden sie an den Rand des Bildes gerückt oder werden angeschnitten dargestellt. Die Spannung erhält die Komposition durch das Gegenüber von Bildteilen, die eng gedrängt wirken, und großen fast leeren Flächen.

3. Lokalfarbe nennt man die Eigenfarbe, die ein Gegenstand tatsächlich besitzt.
Im Gegensatz dazu gibt die Erscheinungsfarbe nur den optischen Eindruck eines Gegenstandes wieder. Der Gegenstand kann durch Lichtreflexe auch in anderen Farben als seiner Lokalfarbe schillern.

4. Landschaften, vor allem Gewässer mit reflektierender Wasseroberfläche oder Bäume mit bewegtem Blattwerk – hier faszinierte die Künstler vor allem das Licht- und Schattenspiel.

Großstadtszenen (Boulevards, Cafés, Theater oder Ballett, aber auch Industrieszenen) – hier versuchten sie vor allem den flüchtigen Augenblick im Bild festzuhalten.

Interieurs und Stillleben – auch hier ist das Spiel von Licht und Schatten auf den unterschiedlichen Oberflächen sowie die Darstellung der Atmosphäre ausschlaggebend.

Weitere Themen sind Porträts, Akte und Menschen bei der Arbeit – hier wollten die Impressionisten vor allem die Bewegung des Moments einfangen und dabei entstehende Lichtreflexe wiedergeben.

II. Kunstbetrachtung

1. Van Gogh kann als Wegbereiter der Moderne bezeichnet werden, weil
- sein Farbauftrag pastos, kraftvoll und großzügig ist,
- seine Farbwahl nicht mehr nur eine Impression ausdrückt, sondern Gefühle vermitteln will,
- oft ein Kontrast – Kalt / Warm – oder Komplementärkontrast – das Bild dominiert und
- seine Kompositionen neben einer klaren Abgrenzung der Motive durch feste Umrisse, einer Vereinfachung der Formen auch schon flächenhaft sind.

2. a) Bildinhalt

Das Bild zeigt einen im Gegenlicht schemenhaft wirkenden Bauern, der bei untergehender Sonne sät. Sein Kopf ragt in die tief stehende Sonnenscheibe. Den Vordergrund dominiert ein beschnittener und dünn belaubter Baum, der schräg ins Bild ragt. Der Mittelgrund wird von Feldern gebildet. Im Hintergrund sind am rechten Bildrand ein Hausdach und mehrere Bäume angedeutet.

b) Komposition

Die Anfertigung einer Kompositionsskizze ist hier laut Aufgabenstellung nicht verlangt. Sie erscheint aber sinnvoll.

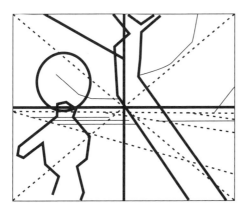

Van Goghs Bild zeigt zwei markante Motive – den Sämann und den Baum. Sie orientieren sich an den Bilddiagonalen und erzeugen damit Dynamik, verstärkt wird dieser Eindruck dadurch, dass das Hauptmotiv ausmittig am Bildrand platziert ist. Diese starke Bewegung wird aufgefangen durch die gegenläufigen, parallel liegenden Feldbegrenzungen, die perspektivische Tiefe andeuten. Die Horizontlinie verläuft fast mittig. Die dominante Sonnenscheibe berührt die Halbierende.

c) **Farbgebung**

Trotz des gelben Himmels wirkt das Bild eher düster. Van Gogh verwendet hier überwiegend reine Farben, die er durch die kontrastive Gegenüberstellung steigert. Hervorsticht der Komplementärkontrast Gelb/Violett, die er als Erscheinungsfarbe einsetzt. Violette und orange Flecken werden als Felder erkannt.

d) **Malweise**

Van Gogh setzt neben kurzen, kräftigen Pinselstrichen auch einen flächigen Farbauftrag (Himmel) ein. Die Farben werden pastos aufgetragen. Auf dem Kunstdruck ist gut die reliefartige Wirkung zu erkennen.

3. a) **Vergleich Amorbach/van Gogh hinsichtlich der Darstellung der Landarbeit**

	van Gogh	Amorbach
Inhalt	Der arbeitende Sämann ist an den Bildrand gerückt und ist nur schemenhaft zu erkennen. Gesichtszüge und andere Details fehlen.	Der Sämann nimmt fast das ganze Bildformat ein, seine Tätigkeit ist gut zu erkennen. Er wirkt übergroß im Vergleich sowohl zu van Goghs Sämann, als auch zu den anderen Bildgegenständen. Die Hände werden zu groß dargestellt, die Gesichtszüge sind gut erkennbar. Im Hintergrund sind weitere Landarbeiter mit einem Ochsengespann zu erkennen, die die Bedeutung der Landarbeit unterstreichen.
Komposition	Durch die Betonung der Diagonalen wird Dynamik erzeugt. Wichtig sind hier aber nicht der Sämann, sondern eher der Baum und die Felder als tragende Bildelemente.	Das Bild hat einen statischen Aufbau. Es ist aber so aufgebaut, dass der Blick des Betrachters über die verschiedenen Bildebenen (Vordergrund, Mittelgrund, Hintergrund), das Ochsengespann, den gekrümmten Acker und schließlich den Regenbogen immer wieder zum Sämann gelenkt wird. Dieser wird so zur zentralen Gestalt.

	van Gogh	**Amorbach**
Farbgebung	Es werden reine und kontrastive Farben als Ausdrucksfarben eingesetzt, die das Motiv in den Hintergrund drängen und eher die atmosphärische Stimmung wiedergeben. Die warmen gefühlsbetonten Farben nehmen das Gefühl von Reife und Ernte vorweg.	Der Maler verwendet Lokalfarben, um einen möglichst realistischen Eindruck wiederzugeben. Die Betonung der Erdfarben unterstützt die Bedeutung der Bodenständigkeit. Die kühlen Farben (blau/grau) betonen Geist und Verstand und vermitteln dadurch den Eindruck, dass der Mensch die Natur beherrscht.
Malweise	Kurze, rhythmische, kraftvolle Pinselstriche	Lasierende Technik, feine Stofflichkeit und Plastizität, die den realistischen Eindruck unterstützt.

b) *Hier sollst du deinen persönlichen Eindruck von der Darstellung der Landarbeit der eben vorgestellten Bilder darlegen. Wichtig ist, dass du deine Meinung anhand der Bilder begründest. Beziehe vor allem bei dem Bild Martin-Amorbachs die Entstehungszeit in deine Überlegungen mit ein! Weil hier keine allgemein verbindliche Lösung möglich ist, sollen die folgenden Stichpunkte nur als Anhaltspunkte für die Beantwortung stehen:*

Martin-Amorbach:
– Die propagandistische Botschaft des Bildes aus dem Nationalsozialismus ist deutlich zu erkennen: Der Landarbeiter ist monumental, übergroß und gemäß der damals herrschenden Sittenlehre blond mit blauen Augen dargestellt.
– Die übergroße Darstellung des Landarbeiters betont die Wichtigkeit der Arbeit.
– Haltung, Mimik und Gestik des Sämanns verdeutlichen die Einstellung gegenüber der Natur: Der Mensch steht über der Natur, die Landarbeit ist zweckgerichtet.

van Gogh:
– Im Gegensatz zu Martin-Amorbachs Bild tritt bei van Gogh die eigentliche Darstellung der Landarbeit zu Gunsten der Gesamtwirkung zurück.
– Das Abendlicht in warmen Gelb- und Orangetönen verstärkt beim Betrachter den positiven Eindruck der Landarbeit.
– Im Gegensatz zu Martin-Amorbachs Darstellung fügt sich bei van Gogh der Landarbeiter harmonisch in die Natur ein, so als sei er wie der Baum (gleiche Farbigkeit) ein fester Teil davon.

I. Kunstgeschichte: Wegbereiter des Realismus

Zur Zeit der Französischen Revolution wandten sich die Künstler von der Tradition der großen Kulturepochen des Abendlandes ab. Sie entwickelten neue Ideen und in der zweiten Hälfte des 19. Jahrhunderts entstand die Kunstströmung des Realismus.

1. Beschreiben Sie gesellschaftliche und kulturelle Hintergründe, die Einfluss auf die Malerei des Realismus nahmen.

2. Der Realismus stellte eine Gegenbewegung zur Romantik dar.
   Erläutern Sie diese These.

3. Charakterisieren Sie folgende Aspekte der Malerei des Realismus:
   a) Bildinhalte
   b) Farbe
   c) Licht

4. Nennen Sie drei bedeutende Maler des Realismus und je ein typisches Werk.

II. Kunstbetrachtung:
Bildvergleich: Gemälde des Expressionismus / aktuelle Modefotografie

Ihnen liegen Reproduktionen von Jawlenskys Gemälde „Die Spanierin" (1913, Öl auf Pappe, 67 × 48,5 cm) und eines Fotos aus einer Modezeitschrift vor.

1. Begründen Sie, warum es sich bei Jawlenskys Gemälde um ein typisches expressionistisches Werk handelt.
   Analysieren Sie folgende Bereiche:
   – Malweise
   – Form
   – Farbgebung

2. Vergleichen Sie die Schwarz-Weiß-Kopie des Fotos mit Jawlenskys Bild.
   Stellen Sie dabei Gemeinsamkeiten und Unterschiede
   – in der Darstellung und
   – in der Wirkung der beiden Frauen heraus.

3. Äußern Sie sich zur Rolle der Frau in der Werbung im Allgemeinen.
   Zeigen Sie auf, welche Aspekte dieses Foto aufgreift und welche nicht.

Alexej von Jawlensky, Die Spanierin (1913); © VG Bild-Kunst, Bonn 2006

Foto aus einer Modezeitschrift

Lösungsvorschlag

I. Kunstgeschichte: Malerei des Realismus

1. Die Zeit des Realismus ist eine der gesellschaftlichen, wirtschaftlichen und politischen Umbrüche. Die rasante Industrialisierung und damit verbunden auch Technisierung in der Arbeitswelt ist ausschlaggebend für gesellschaftliche Veränderungen, die sich auch in der Malerei niederschlagen. Die Schriften von Marx untermauern die Ziele der Realisten.

Alltägliches und auch Hässliches wird zum bildwürdigen Motiv, was für gesellschaftliches Aufsehen sorgte, weil bis dahin das Ideal galt, dass die Kunst nur das Schöne darstellen solle.

Die zeitgleiche Erfindung der Fotografie fördert das Bestreben der Realisten, Dinge wahrheitsgetreu, ohne Beschönigung abzubilden.

2. Der Realismus als Gegenbewegung zur Romantik:
Besonders deutlich lässt sich die These am Verhältnis Mensch und Natur belegen: Während in der Romantik die Natur idealisiert und vergeistigt dargestellt wird, bilden die Realisten nur das objektiv Wahrnehmbare ab. In der Romantik tritt der Mensch als Teil der Natur in den Hintergrund, wird klein oder nur von hinten abgebildet. Im Realismus dagegen werden die Menschen in den Vordergrund gestellt. Vor allem die arbeitende Bevölkerung auf dem Land und in den neu entstehenden Fabriken sind beliebte Motive.

Aber auch in anderen Genres ist der Wandel ablesbar. Herrschte in der Romantik noch das bürgerliche Porträt vor, werden im Realismus Arbeiter, Bauern und andere sozial Niedergestellte zum bildwürdigen Motiv erhoben.

Ziehen sich die romantischen Maler ins Private, Vergeistigte und Idealisierte zurück, eine Tendenz, die ihre Steigerung im Biedermeier erfuhr, so wollen die Realisten mit ihren Arbeiten provozieren.

3. Charakterisieren Sie folgende Aspekte der Malerei des Realismus:

	Malerei
a) Bild-inhalte	Szenen aus dem alltäglichen Leben, vor allem einfache Menschen bei der Arbeit, aber auch Szenen aus dem Industriemilieu sowie Landschaften und Porträts mit viel Liebe zum Detail stellen die bevorzugten Bildmotive dar.
b) Farbe	Exakte, lasierende Malweise, bei der einzelne Pinselstriche nicht zu erkennen sind. Daneben aber auch spontane, schnelle Malweise mit pastosem Farbauftrag. Farbe wird realistisch als Lokalfarbe, aber auch als Erscheinungsfarbe wiedergegeben. Verwendung überwiegend von Erdfarben und gedämpften Tönen.
c) Licht	Licht geht von einer bestimmbaren Lichtquelle aus. Die Darstellung des Lichts wird mehr durch die Erhaltung der Leuchtkraft der Farben gewährleistet als durch das Aufhellen mit Weiß oder das Abdunkeln durch Schwarz.

4. Maler   **Werk**
Adolph von Menzel   Das Eisenwalzwerk
Wilhelm Leibl   Drei Frauen in der Kirche
Gustave Courbet   Die Steinklopfer

II. Kunstbetrachtung:
Bildvergleich: Gemälde des Expressionismus/aktuelle Modefotografie

1. – Malweise: Typisch für den Expressionismus ist der pastose, grobe Farbauftrag, der mit breitem Pinsel ausgeführt wird. Die Farbe wird alla prima auf die Leinwand gesetzt, die Farben mischen sich teilweise (Blütenschmuck im Haar) erst auf der Leinwand.
   – Form: Das Porträt wird aus einfachen Formen (Ovale und Kreisbögen) gebildet. Auf Details wird nicht geachtet. Auf Räumlichkeit wird zugunsten einer flächigen, plakativen Wirkung verzichtet. Die Bildgegenstände werden bedeutungsperspektivisch dargestellt, d. h. Wichtiges wird größer dargestellt (Augen der Spanierin).
   – Farbgebung: Typisch ist hier der zentrale Komplementärkontrast (Rot/Grün). Die Farbe wird als Ausdrucksfarbe eingesetzt. Schwarze Konturen unterstützen die Leuchtkraft der Farben.

2. **Gemeinsamkeiten:**
   – Auf beiden Bildern wird als zentrales Bildmotiv eine Frau, die mit Blumen in Kleidung und Haaren geschmückt ist, dargestellt.
   – Bei beiden Bildern wird der Hintergrund nicht weiter ausgeführt.

Unterschiede:

	Jawlensky	Modefotografie
Dar-stellung	Der Kopf nimmt fast die Hälfte des Bildformats ein. Das Porträt ist symmetrisch aufgebaut. Die Frau wird in Frontalansicht gezeigt, sie blickt den Betrachter direkt an. Die Figur wird expressiv verfremdet dargestellt.	Der Bildausschnitt ist größer gewählt, sodass das eigentliche Porträt kleiner ist. Der Kopf sitzt ausmittig im oberen Drittel des Bildes. Die Frau wird aus leichter Unteransicht gezeigt. Ihr Blick geht am Betrachter vorbei aus dem Bild heraus. Naturalistische Darstellung (durch die Technik bedingt).
Wirkung	Die Frau wirkt ruhig, wach und selbstbewusst.	Die Frau wirkt sinnlich, verführerisch, aber auch verträumt.

3. Frauen sind beliebte Werbemotive, die je nach Produkt, für das geworben wird, unterschiedliche Rollen verkörpern:
   – die Frau als fürsorgende Familienmutter,
   – die Frau als diejenige, die ihren Haushalt perfekt sauber und ordentlich hält,
   – die Frau als modebewusste und verführerische Schönheit,
   – die Frau als Sinnbild für Jugendlichkeit und
   – die selbstbewusste junge Frau.
   Das gezeigte Modefoto greift zwei Aspekte auf: Die Frau soll durch den verträumten Blick, den leicht geöffneten Mund und ihre Haltung Sinnlichkeit ausdrücken; diesen Eindruck soll der Betrachter auch auf die Kleidung übertragen, für die geworben wird. Der zweite Aspekt, den das Foto aufgreift, ist die Jugendlichkeit: Abgebildet ist eine junge Frau mit ebenmäßigen Gesichtszügen und einer makellosen Haut.

I. Kunstgeschichte
Architektur: Klassizismus

Karl Friedrich von Schinkel und Leo von Klenze waren die bedeutendsten Architekten des Klassizismus in Deutschland. Ein berühmtes Zitat von Schinkel lautet: „Zweckmäßigkeit ist der Sinn allen Bauens".

1. Schildern Sie den gesellschaftlichen und geistigen Hintergrund, vor dem sich die klassizistische Architektur entwickeln konnte.
   Gehen Sie dabei auch auf die Vorbilder ein.

2. Verdeutlichen Sie charakteristische Stilelemente klassizistischer Bauweise mit Hilfe des beiliegenden Bildmaterials der Alten Pinakothek (Fertigstellung 1836) von Leo von Klenze.

3. Nennen Sie drei weitere klassizistische Bauwerke.

4. Zum Vergleich liegt Ihnen Bildmaterial der Pinakothek der Moderne (Fertigstellung 2002) von Stephan Braunfels vor.
   Zeigen Sie Gemeinsamkeiten und Unterschiede hinsichtlich der baulichen Elemente und der Gesamtwirkung auf.

II. Kunstbetrachtung
Bildvergleich: Realismus / Expressionismus

Ihnen liegen die Reproduktionen zweier Frauenbildnisse vor:
Realismus: Camille Corot „Sinnendes Mädchen" (1860, Öl auf Leinwand, 45 × 38 cm)
Expressionismus: Carl Schmidt-Rottluff „Bildnis Rosa Schapire" (1911, Öl auf Leinwand, 84 × 76 cm)

1. Fertigen Sie zu beiden Bildern eine Kompositionsskizze an und erläutern Sie dabei die Unterschiede.

2. Ordnen Sie den Bildern die typischen Merkmale ihrer jeweiligen Stilrichtung zu.
   Gehen Sie dabei besonders ein auf
   – Malweise,
   – Farbgebung,
   – Formgebung.

3. Die zwei Bilder wirken sehr unterschiedlich.
   Schildern Sie die jeweilige Wirkung und begründen Sie Ihre Aussage.

Alte Pinakothek (Fertigstellung 1836) von Leo von Klenze

Pinakothek der Moderne (Fertigstellung 2002) von Stephan Braunfels

Jean-Baptiste Camille Corot, Sinnendes Mädchen (1860)

Karl Schmidt-Rottluff, Bildnis Rosa Schapire (1911); © VG Bild-Kunst, Bonn 2006

Lösungsvorschlag

I. Kunstgeschichte: Architektur: Klassizismus

1. Die Zeit des Klassizismus ist geprägt von geistigen, sozialen und politischen Umwälzungen. Die Französische Revolution, das Napoleonische Zeitalter sind bestimmend für die Neuordnung in Europa. Das antike Griechenland ist hier Vorbild für demokratische Entwicklungen.

Die Aufklärung stellt die Vernunft in den Mittelpunkt allen Handelns und Denkens. Man ist begeistert von der klaren Schlichtheit und der harmonischen Ausgewogenheit der bei Ausgrabungen entdeckten Fundstücke aus der römisch-griechischen Antike. Man spricht auch von einer zweiten Renaissance der Antike.

Besonders beeindruckt sind die Architekten des Klassizismus von griechischen Tempeln, die sie in Teilen oder als Gesamtanlage kopieren.

2. Charakteristisch ist die blockhafte, monumentale Bauweise in ausgewogener Proportion von Giebel- und Längsseite.

Typisch ist auch die exponierte Lage, die hier durch den repräsentativen Treppenaufgang und den umlaufenden Sockel noch verstärkt wird.

Im Außenbau fällt die symmetrische Anordnung der Bauelemente auf.

In der Portalgestaltung und dem Fensteraufbau erkennt man das Triumphbogenmotiv.

Oft werden Säulen mit dorischen, ionischen oder korinthischen Kapitellen verwendet.

Charaktistisch ist auch das umlaufende Kranzgesims mit Urnen, Obelisken oder Lorbeerkranz als Ornament.

3. Walhalla (Regensburg) – L. von Klenze
Neue Wache (Berlin) – K. F. von Schinkel
Brandenburger Tor (Berlin) – C. G. Langhans

4. Gemeinsamkeiten hinsichtlich der baulichen Elemente:
– Beide Gebäude haben einen zentralen Eingangsbereich, der durch Säulen strukturiert ist.
– Das Erdgeschoss ist mit vielen Fensterflächen durchbrochen.
– Die Gebäude stehen beide an exponierter Stelle.
– Beide Gebäude haben einen rechteckigen Grundriss und eine klare Gliederung im Außenbau.

Gemeinsamkeiten hinsichtlich der Gesamtwirkung:
– Beide Bauwerke wirken schlicht und harmonisch in ihren Proportionen.
– Sie wirken repäsentativ und monumental.

Unterschiede:

	Alte Pinakothek	Pinakothek der Moderne
Eingangs-bereich	An der Giebelseite: erhöht und durch repräsentativen Treppen-aufgang hervorgehoben	Zentral in der Mitte der Längs-seite, ebenerdig
Fassade	Wandbemalung und ornamen-tales Kranzgesims, leichtes Relief	Kein Fassadenschmuck und keine Reliefwirkung
Aufbau	Symmetrisch	Asymmetrischer Aufbau (Säulenarkaden sind ausmittig verlängert)
Formen	Rundbögen und Quadrate	Rechtecke und Quadrate, keine runden Formen
Wirkung	Statisch und durch die klare Trennung der Geschosse eher gedrungen	Dynamischer durch schräges Dach und die schlanken Säulen

II. Kunstbetrachtung: Bildvergleich: Realismus / Expressionismus

1.

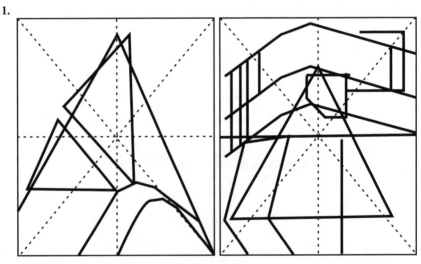

Skizze zu „Sinnendes Mädchen"   Skizze zu „Bildnis, Rosa Schapire"

Unterschiede	Sinnendes Mädchen (Corot)	Rosa Schapire (Schmidt-Rottluff)
Format	Deutliches Hochformat	Fast quadratisch
Hintergrund	Dunkel und raumgreifend	Hell und wenig Raum einnehmend
Gesamtform der Figur	Eingebunden in eine Dreiecksform, die ausmittig gesetzt ist.	Eingebunden in Bögen und Rechtecke; fast formatfüllend und zentral
Kompositionslinien	Klassischer Bildaufbau, dem geometrische Grundformen zugrunde gelegt sind. Dekollete ist Schnittpunkt der Diagonalen.	Eher spontaner Bildaufbau. Die Kompositionslinien strukturieren zwar die Bildfläche, wirken aber wie zufällig gesetzt.

2.

	Sinnendes Mädchen (Corot)	Rosa Schapire (Schmidt-Rottluff)
Stilrichtung	Realismus	Expressionismus
Malweise	Exakte, lasierende Malweise, bei der einzelne Pinselstriche nicht zu erkennen sind.	pastoser, grober Farbauftrag, der mit breitem Pinsel ausgeführt wird. Die Farbe wird alla prima auf die Leinwand gesetzt
Farbgebung	Farbe realistisch als Lokalfarbe, aber auch als Erscheinungsfarbe wiedergegeben. Verwendung überwiegend von Erdfarben und gedämpften Tönen.	Typisch ist der zentrale Komplementärkontrast (Rot/Grün). Die Farbe wird als Ausdrucksfarbe eingesetzt. Schwarze Konturen unterstützen die Leuchtkraft der Farben.
Formgebung	Feine Stofflichkeit und Plastizität mit Liebe zum Detail (Kopftuch)	Keine Details, grobe, verzerrte Formen

3. Corots „Sinnendes Mädchen" wirkt durch den vom Betrachter abgewandten Blick in sich gekehrt und erschöpft. Die niedergeschlagene, melancholische Stimmung wird durch den abgedunkelten und nicht näher beschriebenen Hintergrund und die gedämpfte Farbigkeit verstärkt.

Dem gegenüber steht Karl Schmidt-Rottluffs „Bildnis, Rosa Schapire": Die zentrale Frauengestalt blickt den Betrachter ruhig, aber selbstbewusst an. Die kontrastreiche, helle und leuchtende Farbigkeit unterstützt den Gesamteindruck. Auch ihre Körperhaltung deutet an, dass sie nachdenkt, sie wirkt dabei aber hellwach und nicht niedergeschlagen wie das Mädchen in Corots Bild.

I. Kunstgeschichte: Malerei der Renaissance

Die Renaissance gilt als das Zeitalter, in dem sich der Mensch vom mittelalterlichen Weltbild löste. Von Italien ausgehend verbreiteten sich die Ideen der Künstler in ganz Europa.

1. Definieren Sie den Begriff Renaissance und erläutern Sie, aufgrund welcher Voraussetzungen und neuer Auffassungen diese Epoche entstehen konnte.

2. Die Zentralperspektive ist ein wichtiges Gestaltungsmittel der Renaissance.
   a) Nennen Sie Künstler, die maßgeblich an dieser Entwicklung arbeiteten.
   b) Erklären Sie, auch mit Hilfe von Skizzen, was man darunter versteht. Sie können sich dabei auch auf bekannte Werke beziehen.

3. Die Künstler der Renaissance setzten weitere neue Möglichkeiten ein, um bestimmte Raumwirkungen zu erzielen. Nennen und erklären Sie diese.

4. Auch Künstler nördlich der Alpen setzten sich mit diesen Neuerungen in der Malerei auseinander. Nennen Sie drei Namen und je ein Werk.

II. Kunstbetrachtung
Malerei der Renaissance / Pressefoto aus einem Krisengebiet

Die Mutter-Kind-Beziehung hat in der Madonnendarstellung der Renaissance einen besonderen Stellenwert. Raffael (1483–1520) hat viele Variationen dieses Themas geschaffen.
Ihnen liegt die Reproduktion der „Madonna Tempi" aus dem Jahr 1507 vor (Öl auf Holz, 75 × 51 cm).

1. Untersuchen Sie das Madonnenbild im Hinblick auf
   a) Bildaufbau,
   b) Farbgebung,
   c Plastizität und Behandlung des Raumes.

Zum Vergleich liegt Ihnen eine Schwarz-Weiß-Kopie eines Fotos aus einem ehemaligen Krisengebiet vor (Vietnamkrieg, 1954–1975).

2. Vergleichen Sie die beiden Abbildungen hinsichtlich ihrer inhaltlichen Aussage.

3. Die Darstellungen wirken auf den Betrachter sehr unterschiedlich.
   Begründen Sie diese Aussage.

Raffael (Raffaello Santi) (1483–1520). Madonna Tempi (1507);
Alte Pinakothek München; www.visipix.com

2005-2

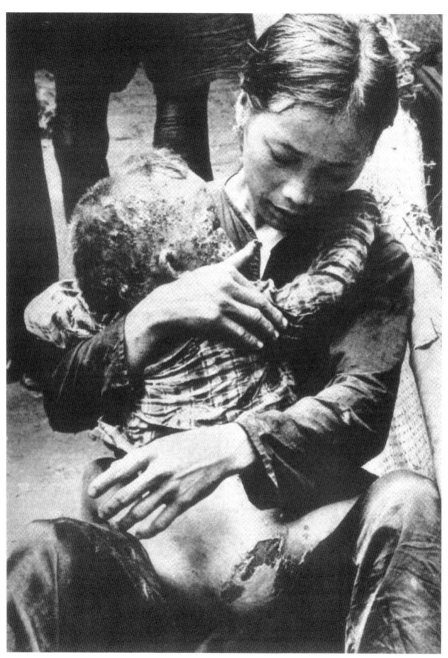

Pressefoto (Vietnamkrieg 1965–1975)

Lösungsvorschlag

I. Kunstgeschichte: Malerei der Renaissance

1. Renaissance bedeutet wörtlich übersetzt „Wiedergeburt". Gemeint ist damit die Wiedergeburt der Gedanken und Ideen der antiken Philosophie und Kunsttheorie.

Die Renaissance gilt als der Beginn der Neuzeit, weil sie einhergeht mit großen Veränderungen, die Voraussetzungen für die Weiterentwicklung waren. Durch die Weiterentwicklung der Naturwissenschaften (Forschungen von Kopernikus oder Galilei) und Entdeckungsreisen (Kolumbus) entsteht ein neues Weltbild, das die Erde aus dem Mittelpunkt rückt. Der Mensch als selbstbewusstes, individuelles und umfassend gebildetes Wesen wird zum Ideal erklärt (Humanismus). Aber auch die Entwicklung wirtschaftlich unabhängiger Städte und damit die zunehmende Bedeutung von Bürgertum und Kaufleuten (Fugger) trugen dazu bei, dass sich die Renaissance entfalten konnte.

2. a) – Leonardo da Vinci
  – Albrecht Dürer
  – Brunelleschi
  – Michelangelo Buonarotti

b) Unter **Zentralperspektive** versteht man die Darstellung von Tiefenraum mit Hilfe konstruierter Tiefenlinien, die sich alle in einem zentralen Fluchtpunkt treffen, der auf der Horizontlinie (= Augenhöhe des Betrachters) liegt.

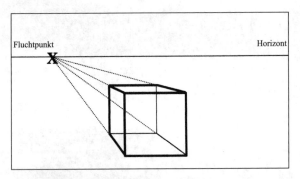

3. Farbperspektive: Wird auch Verblauung genannt. Das heißt, dass alle Farben mit zunehmender Entfernung vom Betrachter blaustichiger werden.
Luftperspektive: Mit zunehmender Entfernung vom Betrachter werden die Bildgegenstände immer verschwommener dargestellt. Eine besondere Form ist hier das so genannte „sfumato" – ein Dunstschleier im Hintergrund.

4. Albrecht Altdorfer – Donaulandschaft bei Regensburg
Albrecht Dürer – Selbstbildnis im Pelzrock
Pieter Brueghel – Turmbau zu Babel.

II. Kunstbetrachtung

1. a) Bildaufbau

Das Bild ist nur in einen domimanten und fast formatfüllenden Vordergrund und einen nur angedeuteten Hintergrund gegliedert – der Mittelgrund wird nahezu vernachlässigt. Der Horizont liegt relativ niedrig im unteren Drittel des Formates. Trotz der leicht geschwungenen S-Haltung der Figurengruppe ist das Bild fast symmetrisch aufgebaut. Typisch für die Renaissance ist, dass Teile dieser Figurengruppe (Köpfe und Arme) als Dreieckskomposition dargestellt werden, während man um Madonnna und Kind eine Teilellipse umschreiben kann.

In der Aufgabe ist zwar keine Kompositionsskizze verlangt, sie wird hier aber doch angegeben, weil sich viele Elemente des Bildaufbaus daran besser ablesen und nachvollziehen lassen.

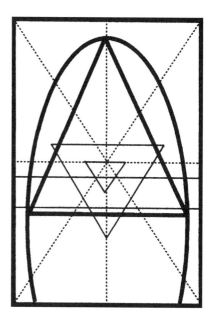

b) Farbgebung

Bei der Farbgebung des Madonnenbildes herrschen die Lokalfarben vor. Im Hintergrund dominieren verschiedene Blautöne, die auch als raumbildendes Mittel eingesetzt werden – Verblauung.

In der Kleidung der Madonna finden sich in abgetönter Form die drei Grundfarben: Rot, Gelb und Blau. Diese haben hier aber symbolischen Charakter.

Neben dem starken Hell-Dunkel-Kontrast (Hautfarbe fast Weiß gegen das Schwarz der Mantelinnenseite) tritt noch ein Kalt-Warm-Kontrast (Rot des Kleides gegen das Blau des Mantels und des Hintergrunds).

c) Plastizität und Behandlung des Raumes

Die Figuren werden durch den starken Hell-Dunkel-Kontrast plastisch herausmodelliert, während der Hintergrund kaum Plastizität besitzt.

Räumlichkeit erzeugt Raffael zum einen durch den Einsatz der Farbperspektive, zum anderen durch die Verwendung der Luftperspektive. Aber auch der deutliche Größenunterschied zwischen der Figurengruppe und dem Hintergrund und nur leicht angedeutet auch Fluchtpunktperspektive (die Ufer des Flusses am linken Bildrand) erzeugen hier räumliche Wirkung.

2.

Madonna Tempi	Pressefoto
Beide Abbildungen zeigen eine fürsorglich auf ihr Kind blickende Mutter, die schützend ihre Arme um ihr Kind legt.	
Der Moment der Darstellung ist bei beiden Bildern ein sehr intimer und inniger. Die umschließende Armhaltung der Mutter schirmt die Figurengruppe nach außen hin ab und unterstützt damit die Schutzhaltung.	
Diese Darstellung wirkt eher künstlich und idealisiert. Das Bild strahlt innere Ruhe aus und hat eine fast meditative Wirkung.	Dieses Foto hat eher dokumentarischen Charakter und will durch die objektiv-realistische Darstellung – vor allem des verwundeten Kindes – die Kriegsfolgen dokumentieren und damit zum Nachdenken anregen.

3. Obwohl das Motiv – eine Mutter, die ihr Kind fürsorglich im Arm hält – gleich ist, wirken beide Bilder völlig unterschiedlich auf den Betrachter. Raffaels Madonna ruft durch den kompositorischen Aufbau und die gedämpfte, aber angenehme Farbigkeit eine harmonische, verklärte Gesamtstimmung hervor. Auch das Pressefoto wirkt auf den ersten Blick nicht unangenehm, weil der Betrachter zunächst nur die Mutter-Kind-Haltung wahrnimmt. Das Fehlen der Farbigkeit trägt auch dazu bei, dass erst bei genauerem Hinsehen die Verletzungen des Kindes deutlich werden und eine schockierte Reaktion hervorrufen.

I. Kunstgeschichte: Malerei der Romantik

Die Romantik bezeichnet eine europäische Geistesströmung, welche im beginnenden 19. Jahrhundert die Bildende Kunst, Musik und Literatur unter charakteristischen Merkmalen vereinigte.

1. Zeigen Sie Einflüsse auf, die zur Entwicklung der Epoche der Romantik beitrugen.

2. Charakterisieren Sie Stilmerkmale der Romantik, indem Sie auf folgende Bereiche eingehen:
   a) bevorzugte Bildinhalte und Motive
   b) Farbe, Raum und Licht
   c) Komposition

3. Erläutern Sie, welche Absichten die Maler der Romantik verfolgten.

4. Klassizismus und Romantik sind Kunstströmungen, die sich teilweise zeitlich überschneiden. Sie unterscheiden sich allerdings erheblich in ihren Auffassungen.
   Beschreiben Sie die klassizistische Auffassung.

II. Kunstbetrachtung:
Malerei der Romantik / des Expressionismus

In beiden Epochen spielt die Landschaftsmalerei eine besondere Rolle.
Ihnen liegen die Reproduktionen zweier Landschaftsdarstellungen vor:
Romantik: Caspar David Friedrich (1774–1840): „Der einsame Baum" (1822, Öl auf Leinwand, 55 × 71 cm)
Expressionismus: Karl Schmidt-Rottluff (1884–1976): „Pommersche Moorlandschaft" (1931, Öl auf Leinwand, 115 × 137,5 cm)

1. Vergleichen Sie beide Gemälde im Hinblick auf
   a) Malweise,
   b) Farbgebung.

2. Stellen Sie dar, welche Bedeutung die Natur für den Romantiker hatte und wie diese zum großen Teil auch in Friedrichs Landschaftsbild zum Ausdruck kommt.

3. Beschreiben Sie die unterschiedliche Wirkung des expressionistischen Werkes auf Sie.

4. Als Ausblick auf eine weitere Auffassung von Landschaft im 20. Jahrhundert liegt Ihnen die Reproduktion „Valley curtain" von Christo aus dem Jahr 1979 vor. Christo hat über eine Spannweite von 394 Metern ein Tal in Colorado mit einem 18 500 Quadratmeter großen Nylon-Polyamid-Gewebe überspannt.
   Erläutern Sie, welchen Bezug Christos Werk zur Natur aufweist.

Karl Schmidt-Rottluff (1884–1976). Pommersche Moorlandschaft (1931);
Saarland-Museum, Saarbrücken; © VG Bild-Kunst, Bonn 2006

Caspar David Friedrich (1774–1840). Der einsame Baum (1822);
Alte Nationalgalerie, Berlin; www.visipix.com

Die Reproduktion „Valley curtain" (1979, Rifle, Colorado) von Christo (*1935); Spannweite 394 m, Höhe 56–110 m. Nylon-Polyamid-Gewebe, 40 500 kg Stahlseil; kann hier aus Kostengründen leider nicht abgedruckt werden.

Du findest sie beispielsweise im Internet unter: http://christojeanneclaude.net/talvorhang.html.
Sicher ist dir auch dein/e Kunstlehrer/in bei der Recherche behilflich.

Lösungsvorschlag

I. Kunstgeschichte: Malerei des Romantik

Die Romantik bezeichnet eine europäische Geistesströmung, welche im beginnenden 19. Jahrhundert die Bildende Kunst, Musik und Literatur unter charakteristischen Merkmalen vereinigte.

1. Die Romantik entwickelt sich in einer Zeit politischer und gesellschaftlicher Umbrüche in Folge mehrerer Revolutionen (z. B. Französische Revolution 1789, Julirevolution 1830 und Bürgerliche Revolution 1848). Damit eng verbunden sind zwei Entwicklungen, die die Malerei entscheidend beeinflussten:

- Die Maler ziehen sich zurück ins Sentimentale, Religiöse und Mythologische als Flucht vor den Umbrüchen der Zeit.
- Die Besinnung auf die nationale Vergangenheit, v. a. auf das Mittelalter, als Reaktion auf die Erstarkung der Nationalstaaten, beeinflusst die Maler der Romantik.

2. a) Bevorzugte Bildinhalte und Motive
Die Maler der Romantik bevorzugten folgende Bildinhalte und Motive:
- Religiöse/biblische Themen: Die einzelnen Szenen werden in realistische Landschaften versetzt.
- Heroische Landschaften, bei denen oft christliche Symbole in die Landschaft hinein interpretiert werden und die Natur oft als übermächtig dargestellt wird
- Das bürgerliche Porträt als beliebtes Motiv
- Die Darstellung von Ruinen in Verehrung des Mittelalters und als Symbol für die Besinnung auf die eigene nationale Vergangenheit.

b) Farbe, Raum und Licht
Die Farbgebung in romantischen Gemälden ist von diesen Stilmerkmalen geprägt:
- stimmungsvolle, harmonische Farben,
- realistische Farbgebung (überwiegend Erdtöne) und
- Lokalfarben, mit Weiß aufgehellt und mit Schwarz bzw. Braun abgedunkelt

Räumlichkeit wird erzeugt durch die Verwendung von
- einer kulissenartigen Staffelung,
- Farbperspektive und
- Luftperspektive.

Der Umgang mit dem Licht ist gekennzeichnet von
- einer theatralischen, effektvollen Lichtführung und
- der Darstellung extremer Lichtverhältnisse.

c) Komposition
Bei der Komposition der Bilder fällt auf, dass
- die Horizontale stark betont und
- der Horizont entweder sehr tief oder extrem hoch gesetzt wird,
- insgesamt aber immer eine auf Harmonie bedachte Gesamtkomposition angestrebt wird.

3. Die Maler der Romantik bezogen eine geistige Gegenposition zum vernunftsbetonten Klassizismus. Ihnen war es wichtiger, die emotionale und empfindsame Verwobenheit des Menschen mit der Natur aufzuzeigen, als Logik und Verstand. Dabei wollten sie die Natur immer als etwas Beseeltes, Göttliches darstellen, dem der im Vergleich winzige Mensch hilflos ausgeliefert ist. Diese Ideen verwirklichen die Maler, indem sie die Natur nach genauem Studium fast fotorealistisch abbilden, jedoch christliche Symbole einflechten und den Menschen entweder in Rückansicht, im Verhältnis winzig oder gar nicht abbilden. Die Kunst versteht sich nach Caspar David Friedrich als Mittler zwischen Mensch und Natur.

4. Die klassizistische Auffassung ist geprägt von der Betonung der Vernunft und Logik als Gegenbewegung zum überladenen Illusionismus und der Prachtentfaltung des ausgehenden Barock und Rokoko. Ihr Ziel ist es, im Rückgriff auf Vorbilder der griechisch-römischen Antike durch ihre Werke, Ideen der Aufklärung und der sich zaghaft entwickelnden Demokratien zu repräsentieren. Die klare Schlichtheit und harmonische Ausgewogenheit, aber auch monumentale und repräsentative Wirkung gelten als Grundprinzip in der Malerei, vor allem aber in der Architektur.

II Kunstbetrachtung: Malerei der Romantik/des Expressionismus

1.

	C. D. Friedrich	K. Schmidt-Rottluff
Malweise	• Lasierender Farbauftrag mit kaum sichtbaren Pinselstrichen • feine Stofflichkeit • naturalistische Wiedergabe	• Pastoser, großzügiger Farbauftrag • klar abgegrenzte, grobe Formen • starke Vereinfachung
Farbgebung	• Lokalfarben • mit Weiß aufgehellt, mit Braun/Schwarz abgedunkelt • Farbperspektive (Verblauung)	• Ausdrucksfarbe • reine, leuchtende Farben • kontrastreich

2. Die Natur ist für die Maler der Romantik etwas Beseeltes und Göttliches. Der Mensch ist hier nur noch ein eher untergeordneter Teil, der der Naturgewalt ausgeliefert ist. Der Schäfer, der sich gegen den Baumstamm lehnt, ist in Friedrichs Bild erst bei genauerem Hinsehen zu erkennen. Er verschmilzt fast mit dem Baum. Im Vergleich zum Schäfer erscheinen der Baum und die Landschaft erhaben, majestätisch und übermächtig. Landschaft/Natur werden in der Romantik als Spiegelbild für Stimmungen und Sehnsüchte (nach Fernem, Übergeordnetem) gesehen. Diese Sehnsucht nach Ferne wird im Bild durch die starke Verblauung und den dunklen Vordergrund hervorgerufen.

3. *Hier ist keine allgemein verbindliche Lösung möglich, da der subjektive Eindruck geschildert werden soll. Die folgenden Stichpunkte sollen daher nur Anhaltspunkte sein. Entscheidend für die Bewertung ist die Argumentation anhand des Bildes.*
Mit „unterschiedlicher" Wirkung ist hier die Beschreibung der Wirkung des expressionistischen Werkes im Unterschied zu der romantischen Landschaftsdarstellung gemeint, weil die Aufgabe in Bezug zu Aufgabe 2 zu verstehen ist.

Obwohl beide Bilder fast die gleichen Farbtöne verwenden, wirkt das expressionistische Bild wesentlich kontrastreicher, weil die Farben im Gegensatz zu Friedrichs Gemälde ungebrochen und pastos verwendet werden. Auch wirkt Schmidt-Rottluffs Landschaft wegen der großen Farbflächen hart und schroff im Vergleich zu Friedrichs Bild, der feine Übergänge und detaillierte Formen setzt.
Beide Bilder erzeugen zwar durch die Betonung der Horizontalen einen Eindruck von Ruhe und Ausgewogenheit. Im expressionistischen Gemälde wird dieser Eindruck aber immer wieder von dynamischen Elementen (diagonaler Bachlauf, asymmetrischer Bildaufbau) unterbrochen.

4. Christos Werk greift einerseits Formen der umliegenden Landschaft auf: Die Silhouette der Bergkette im Hintergrund ähnelt der Oberkante der Gewebebahnen und die Unterkante passt sich der Form des Tales an. Andererseits greift „Valley Curtain" aber auch trennend in das Umfeld ein, hebt Landschaftsteile, wie die dunklen Felsmassive links und rechts sowie die Buschreihe in der Talsohle, dadurch hervor und verdeckt andere.
Die Natur selbst wird hier zum Teil des Kunstwerks.
Die enormen Ausmaße des Objekts machen dem Betrachter aber auch die Größe und Mächtigkeit der Natur bewusst.

I. Kunstgeschichte
Malerei des Expressionismus

Die Maler des Expressionismus entfernten sich radikaler von der reinen Abbildung der Natur als dies Künstler früherer Epochen taten.

1. Maßgeblich hierfür waren zeitgeschichtliche Hintergründe.
   Zeigen Sie diese auf.

2. Die expressionistischen Künstler orientierten sich unter anderem an Vincent van Gogh und Paul Gaugin.
   Zeigen sie an einem dieser beiden Künstler auf, inwiefern er den Expressionismus prägte.

3. Beschreiben Sie typische Merkmale der expressionistischen Malerei. Gehen Sie dabei ein auf
   a) die Farbe,
   b) die Form und
   c) den Raum.

4. Die beiden expressionistischen Künstlervereinigungen „Brücke" und „Blauer Reiter" unterscheiden sich in wesentlichen Bereichen deutlich voneinander.
   Erläutern Sie diese.

II. Kunstbetrachtung
Malerei des Expressionismus / Bildvergleich Chagall – Picasso

Ihnen liegt eine Reproduktion des Ölgemäldes „Der Spaziergang" (1917/1918, Öl auf Leinwand, 170 × 163,5 cm) des russischen Künstlers Marc Chagall (1887–1985) vor.

1. Begründen Sie anhand der Vorlage, warum dieses Bild sowohl kubistische als auch expressionistische Einflüsse zeigt.
   Analysieren Sie dabei folgende Bereiche:
   a) die Darstellung der Wirklichkeit
   b) Farbgebung und Kontraste

Zum Vergleich liegt Ihnen eine Reproduktion der Radierung „Das karge Mahl" (1904, Radierung, 36,1 × 37,9 cm) von Pablo Picasso (1881–1973) vor.

2. Beschreiben Sie kurz den Inhalt der beiden Bilder.

3. In beiden Werken wird die Beziehung zwischen einem Liebespaar thematisiert.
   Untersuchen Sie diesbezüglich Aussage und Wirkung der beiden Bilder.

Marc Chagall (1887–1984). Spaziergang (1917/ 1918);
Eremitage St. Petersburg; © VG Bild-Kunst, Bonn 2006

Pablo Picasso (1881–1973). Das karge Mahl (1904);
Museum Berggruen Berlin; © Succession Picasso / VG Bild-Kunst, Bonn 2006

Lösungsvorschlag

I. Kunstgeschichte: Malerei des Expressionismus

1. Der Beginn des 20. Jahrhunderts ist eine Zeit, die geprägt ist von gesellschaftlichen und sozialen Umwälzungen bzw. Spannungen. Die zunehmende Technisierung und Materialisierung und mit ihr die Entwicklung der anonymen Großstädte führen zur Vereinsamung des Einzelnen. Vor allem bei den jungen Expressionisten werden die kulturellen Konflikte und psychologischen Belastungen als existenziell und bedrohlich empfunden. Auch der 1. Weltkrieg mit seinen Gräueltaten trägt dazu bei, dass die Expressionisten nicht mehr nur ihre Eindrücke wiedergeben, sondern vor allem ihren Gefühlen einen bildnerischen Ausdruck verleihen wollen.

Die Weiterentwicklung der schon im Impressionismus bekannten Fotografie unterstützt zusätzlich die radikale Abkehr von einer realistischer Darstellungsweise.

2. Vincent van Gogh

Vincent van Gogh hat die Expressionisten in verschiedener Hinsicht beeinflusst und ihren Stil geprägt.

– Van Goghs Malweise bzw. Farbauftrag ist pastos, kraftvoll, großzügig und flächig.
– Seine Farbwahl ist kontrastreich (Kalt/Warm-Kontrast, Komplementärkontrast).
– Er benutzt reine und leuchtende Farben.
– Van Gogh verwendet die Farbe schon als Mittel zum Ausdruck einer inneren Stimmung oder von Gefühlen.
– Die Formen van Goghs weisen klare Umrisse auf.
– Er vereinfacht die Formen und verwendet angeschnittene und ausschnitthafte Kompositionen.

oder

Paul Gauguin

Paul Gauguin hat die expressionistische Malerei ebenso entscheidend mit beeinflusst.

– Die Malweise bzw. der Farbauftrag sind wie bei van Gogh kraftvoll, großzügig und flächig.
– Seine Farbwahl ist kontrastreich (Kalt/Warm-Kontrast, Komplementärkontrast), er benutzt reine und leuchtende Farben. Die Farbe hat bei ihm symbolhaften Charakter.
– Auch Gauguin vereinfacht die Formen.
– Die Darstellung des Raumes wird vernachlässigt. Die Farbperspektive wird zum Teil aufgehoben.
– Sein Wunsch unverfälschte Natur und ursprünglichen Ausdruck in seinen (Südsee-) Bildern darzustellen, wird von den Expressionisten aufgegriffen.
– Seine ausschweifende, exotische Lebensweise auf Tahiti regt einige der Expressionisten zu einer ähnlichen Lebensauffassung an.

3. Farbe

Die Expressionisten arbeiten großflächig und rhythmisch. Sie verwenden dabei reine und leuchtende Farben, die sie kontrastreich (Kalt/Warm-Kontrast, Komplementärkontrast) einsetzen. Lokal- und Erscheinungsfarbe werden gesteigert zur Ausdrucksfarbe.

Form

Schroffe, verzerrte und kantige Formen mit ausdrucksstarken Linien sind typisch für den Expressionismus. Vor allem die Konturen werden verstärkt. Dabei werden zur Steigerung des Ausdrucks die Formen auf das Wesentliche vereinfacht.

Raum

Die traditionellen Mittel der Raumdarstellung wie Perspektive, Licht/Schatten oder Proportion werden vernachlässigt. Zur Steigerung des subjektiven Ausdrucks werden die Farbperspektive umgekehrt oder die Bedeutungsperspektive („Was wichtig ist, wird groß dargestellt.") angewandt.

4. Ziele

Während die Brücke-Künstler in enger Gemeinschaft arbeiteten und auch gemeinsame ideologische Ziele verfolgten, war die Vereinigung „Blauer Reiter" eher eine lockere Künstlervereinigung, bei der das Künstlerindividuum entscheidend war. Die Maler des „Blauen Reiters" entwickelten theoretische Grundlagen zur (abstrakten) Malerei und ästhetischen Problemen, während sich die „Brücke" eher provokativ und gesellschaftskritisch äußerte .

Motivwahl

Wählten die Maler des „Blauen Reiters" überwiegend Landschaften und Stillleben, war bei der „Brücke" die Großstadt in ihren verschiedenen, meist negativen Facetten ein Schwerpunktthema beim Bildinhalt.

Technik

Überwiegen beim „Blauen Reiter" die Ölmalerei und das Aquarell, setzen die Brücke-Künstler mit Grafiken und Druckgrafiken (Holzschnitt und Radierungen) einen weiteren Schwerpunkt in der bildnerischen Arbeit.

II. Malerei des Expressionismus / Bildvergleich Chagall – Picasso

		Expressionistische Einflüsse	Kubistische Einflüsse
1. a)	Darstellung der Wirklichkeit	• Typisch für den Expressionismus sind die kantigen Formen, die sich hier in den Häusern finden. • Daneben weist auch die Ausschnitthaftigkeit des Motivs auf den Expressionismus hin – gut zu erkennen am blauen Ast, der links in das Bild hineinragt. • Auch die Vernachlässigung der räumlichen Wirkung zu Gunsten einer Bedeutungshierarchie (Wichtiges wird groß dargestellt) ist kennzeichnend für den Expressionismus. Besonders gut erkennt man dies am Größenverhältnis der Figuren im Vordergrund zu den übrigen Bildgegenständen.	• Wie im analytischen Kubismus werden auch hier schon die einzelnen Bildgegenstände in prismatische Formen zerlegt. • Der Raum wird in facettenartige Flächen gegliedert. • Durch die Überschneidung dieser Flächen und teilweise auch durch das Zusammenziehen von Flächen entsteht eine Art Multiperspektive.

b)	**Farbgebung**	• Im Bild herrschen reine, leuchtende und intensive Farben vor. • Die Farben werden als Ausdrucksfarben eingesetzt. • Der Farbauftrag ist rhythmisch und flächig.	• Chagall verwendet nur wenige Farbtöne, die er in den verschiedensten Nuancen variiert. • Die Farben dienen der Modellierung der Form. • Der Einsatz von reinen Farben deutet auf den Einfluss des synthetischen Kubismus hin.
	Kontraste	Im Bild herrschen starke Kontraste vor: • Kalt-Warm-Kontrast: Das Rot der Decke und das Grün der Landschaft stehen dem kalten Rot der Frau und dem kalten Himmelblau gegenüber. • Hell-Dunkel-Kontrast: Der helle Himmel wird einem dunklen Vordergrund entgegengesetzt. • Der Komplementärkontrast (Rot/Grün) steigert die intensive Farbigkeit.	• Die im Bild vorherrschenden Kontraste sind für den Kubismus eher untypisch.

2. Chagall

Im Vordergrund des Bildes steht als Bildmittelpunkt ein Mann im schwarzen Anzug, an dessen Hand eine rot gekleidete Frau scheinbar wegzuschweben scheint. Auch der Mann scheint keine Verbindung zum Boden zu haben, sondern darüber zu schweben. Am linken Bildrand ragt ein blauer, dünn belaubter Ast in die Bildfläche. Im linken unteren Eck sieht man eine rote, großgeblümte Decke, auf der eine gefüllte Weinkaraffe und ein Weinglas stehen. Der Bildmittelgrund wird durch facettenartige grüne Flächen gebildet, die den Blick des Betrachters in den Hintergrund leiten. Dort ist eine Ortschaft mit verschieden großen Häusern zu erkennen. Besonders sticht der Kirchenbau wegen seiner auffälligen Farbigkeit (Rosa) ins Auge. Auf dem Horizont erkennt man noch eine weitere kleine Ortschaft und auf dem Hügel links eine grasende Kuh. Darüber schließt ein in hellen Blautönen gehaltener Himmel das Bild ab.

Picasso

Gegenüber dem detaillierten Chagall-Gemälde finden sich auf Picassos Radierung nur wenige Bildgegenstände. Den Bildkern stellt das Paar dar, das hinter einem spärlich gedeckten Tisch sitzt. Auf einer stark zerfalteten weißen Tischdecke sind eine Weinflasche, zwei Gläser, ein leerer Teller und zwei Brotstücke zu erkennen. Das Paar wirkt ausgemergelt und knochig. Besonders auffällig sind die überlangen drahtigen Finger. Der Mann trägt einen dunklen Hut und ein einfaches dunkles Hemd und hebt sich dadurch von der hell gehaltenen Frau (der Übergang von Bluse und Haut ist kaum sichtbar) an seiner Seite ab. Die Frau stützt ihren Kopf nachdenklich auf den linken Handrücken und blickt verträumt ins Leere.

3. Chagall-Gemälde

Das Chagall-Gemälde wirkt fröhlich-heiter und leicht. Dieser Eindruck wird durch die Farbigkeit, die Mimik des Paares und vor allem durch den Schwebezustand der Frau hervorgerufen. Im Vordergrund der Bildaussage steht, die Gemütslage des Liebespaares widerzuspiegeln – die Leichtigkeit der Verliebten. Auch wenn die beiden Menschen kaum Kontakt zueinander haben – sie berühren sich gerade nur mit den Handflächen und haben keinen Blickkontakt, so wird dem Betrachter doch der Eindruck vermittelt, dass hier zwei sich Liebende dargestellt sind.

Picasso-Radierung

Die Haltung dieser beiden Menschen ist dagegen zweideutig: Der Mann legt zwar liebevoll den Arm um die Frau und seine rechte Hand berührt ihren rechten Arm, sein Blick ist aber unbeteiligt auf etwas außerhalb der Bildfläche gerichtet. Die Frau dagegen stützt ihren Kopf nachdenklich auf ihre linke Hand und blickt den Betrachter an oder sogar durch ihn hindurch. Durch die fehlende Farbigkeit, die abgemagerten Körper des Paares und den spärlich gedeckten Tisch wirkt das Bild im Vergleich zu Chagalls Bild düster und bedrückend. Hier steht weniger das Liebespaar im Vordergrund als vielmehr die Kärglichkeit, mit der es leben muss.

I. Kunstgeschichte
Architektur des Barock

Die barocke Kirchenarchitektur hat ihren Ursprung in Italien und erreichte dort ihre erste Blüte.

1. Führen Sie historische und geistige Hintergründe an, die zur Entstehung der barocken Architektur beitrugen.

2. Zeigen Sie typische Bauelemente der barocken Fassadengestaltung auf. Verwenden Sie dabei korrekte Fachbegriffe.
   Sie können sich auf die vorliegende Abbildung beziehen:
   Fassade der 1665–67 erbauten Kirche San Carlo alle Quattro Fontane in Rom
   (Baumeister: Francesco Borromini, 1599–1667).

3. „Illusionismus" und „Gesamtkunstwerk" sind Begriffe, die in der Barockkunst eine wichtige Rolle spielen.
   Erklären Sie diese beiden Begriffe und erläutern Sie sie anhand von Beispielen.
   Sie können sich dabei auf die vorliegende Innenraumabbildung der Wallfahrtskirche Vierzehnheiligen in Franken (Baumeister: Balthasar Neumann, 1687–1753) beziehen.

II. Kunstbetrachtung
Malerei des Barock/Fotorealismus

Francisco de Goya (1746–1828) gilt als einer der Hauptvertreter der spanischen Barockmalerei. Er porträtierte unter anderem die spanische Königsfamilie.
Eines seiner bekanntesten Gemälde ist die Darstellung des „Don Manuel de Osorio Manrique de Zuñiga" (um 1788, Öl auf Leinwand, 127 × 101,6 cm),
die Ihnen als Reproduktion vorliegt.

1. Charakterisieren Sie das Bild im Hinblick auf:
   a) Farbgebung,
   b) Stofflichkeit,
   c) Bedeutung des Lichts.

Zusätzlich liegt Ihnen die Reproduktion des Bildes „Seilspringendes Kind"
von Alex Colville (geb. 1920) aus dem Jahr 1958 vor (Öl und Kunstharz auf
Hartfaserplatte, 60,9 × 45,7 cm).

2. Vergleichen Sie den Inhalt der Bilder.

3. Der Raum, der die Kinder umgibt, spielt jeweils eine besondere Rolle.
   Wirkung und Aussage der beiden Bilder werden dadurch entscheidend beeinflusst.
   Nehmen Sie dazu Stellung.

Francesco Borromini, San Carlo alle Quattro Fontane in Rom, Fassade (1665–67)

Balthasar Neumann (1687–1753), Wallfahrtskirche Vierzehnheiligen (1743–1772), Innenansicht

Francisco de Goya y Lucientes (1746–1828), Don Manuel Osorio Manrique de Zuñiga (um 1788)
The Metropolitan Museum of Art, The Jules Bache Collection, 1949 (49.7.41);
www.visipix.com

Alex Colville (*1920), Seilspringendes Kind (1958);
Privatsammlung Toronto. © A. C. Fine Art Inc.

Lösungsvorschlag

I. Kunstgeschichte: Architektur des Barock

1. Historische und geistige Hintergründe der barocken Architektur

Hinweis: Der Arbeitsauftrag „Führen Sie ... an" weist dich darauf hin, dass du deine Antwort in ganzen Sätzen formulieren sollst. Dabei wird keine umfassende geschichtliche Abhandlung von dir verlangt, sondern du sollst nur solche geschichtlichen Ereignisse und Beispiele für die Geisteshaltung des Barockzeitalters anführen, die eine direkte Auswirkung auf die Kunst haben. Beachte, dass du dich nur auf die Architektur des Barock beziehen sollst, dabei können sich aber auch schon Überschneidungen zur Malerei und Plastik ergeben.

Das Zeitalter des Barock wurde vor allem durch den 30-jährigen Krieg und seine Folgen entscheidend geprägt. Er bestimmte die Lebenseinstellungen der Menschen, die zwischen Todesangst und – als Gegenpol daraus resultierend – fast überschwänglicher Lebensfreude wechselte. Schlagwörter aus dieser Zeit wie „memento mori" (bedenke, dass du sterblich bist) oder „carpe diem" (nutze den Tag) spiegeln diese Lebenseinstellungen wider. Damit ging auch eine tiefe Religiosität einher, die sich zum einen geistig in einer starken Ausrichtung auf das Jenseits zeigt, zum anderen – als äußerliches Zeichen – in zahlreichen Wallfahrten. Historisch sind vor allem die Herrschaftsform des Absolutismus nach dem Vorbild Ludwigs XIV. und das neue, nach der Gegenreformation erstarkte Selbstbewusstsein der (katholischen) Kirche mit dem Papst als Oberhaupt für die Entwicklung der barocken Architektur von Bedeutung. Beide – weltliche und kirchliche Herrscher – benutzten besonders die Architektur als Mittel zur Selbstdarstellung und Demonstration ihrer Macht. Zahlreiche Schlösser, Klöster und Kirchen wurden den neuen Bedürfnissen entsprechend umgebaut bzw. neu gebaut.

2. Typische Bauelemente der barocken Fassadengestaltung

Hinweis: Die Aufgabenstellung legt dir nahe, dich auf das vorliegende Bildbeispiel zu beziehen. Wichtig wäre in diesem Fall, dass du die Bauelemente aus der Vorlage hervorhebst. Es wäre aber genauso richtig, Bauelemente aufzuzeigen, die nicht im Bildbeispiel zu erkennen sind. Auch hier musst du wieder in ganzen Sätzen antworten. Das erkennst du an der Aufgabenstellung: „Zeigen Sie ... auf."

Am Beispiel von „ San Carlo alle Quattro Fontane" zeigt sich besonders deutlich die als Ansichtsseite prunkvoll und bewegt gestaltete Fassade. Typisch für barocke Architektur ist die plastisch durchgestaltete Fassade mit konvexen und konkaven Elementen, die zugleich einer symmetrischen Gliederung mit Betonung der Symmetrieachsen untergeordnet sind. Ebenso sind als charakteristische Gestaltungselemente die überlebensgroßen Figuren in den Nischen, die Gesimse, Säulen, Halbsäulen und Pilaster zu erkennen. Als wichtige architektonische Details fallen hier auch die Voluten, Kartuschen und Girlanden auf, die den plastisch-bewegten Eindruck noch unterstreichen. Typisch für barocke Fassaden sind die großen Fensterflächen, deren Rahmen vielseitig gestaltet werden. Besonders tragen auch die gesprengten Dreiecks- oder Kreissegmentgiebel zur Gliederung der Fassade bei.

3. „Illusionismus" und „Gesamtkunstwerk"

Hinweis: Auch hier wird dir in der Aufgabenstellung empfohlen, dass du dich bei der Erklärung der beiden Begriffe auf das vorliegende Bildbeispiel beziehst. Es wäre aber genauso richtig, eine Erläuterung zu geben, in der du nicht das Bildbeispiel zur Veranschaulichung verwendest, sondern selbst gewählte Beispiele heranziehst. Du solltest zuerst den jeweiligen Begriff kurz allgemein definieren, danach folgt die ausführliche Erläuterung anhand des Bildbeispiels oder der selbst gewählten Beispiele.

Illusionismus: Unter Illusionismus versteht man die täuschende Nachahmung der sichtbaren Wirklichkeit vor allem durch die bildnerischen Mittel der Malerei. Dies geschieht vornehmlich im Innenraum. Beim Deckenbild wird die Raumgrenze scheinbar aufgehoben. Dazu verwendet der Maler die Mittel der Perspektive: Mithilfe der Froschperspektive mit ihren starken Verkürzungen und mit einem verschwommenen Hintergrund vermittelt der Maler den Eindruck des nahtlosen Übergangs von Kirchenraum und Himmel. Unterstützt wird dieser Effekt durch aufgemalte Scheinarchitektur bzw. durch gezielte Stuckaturen, die für den Betrachter fließende Übergänge zwischen dem Fresko und der Architektur schaffen. In der Wallfahrtskirche „Vierzehnheiligen" wird diese Illusion z. B. dadurch erreicht, dass die Zierformen in das Deckengemälde übergehen und die plastischen Engelsfiguren (Putten) auf den Gesimsen der Pfeiler die Malerei wieder aufgreifen. Ein weiteres Element der Illusion ist die Marmor imitierende Bemalung der Pfeiler und Säulen.

Gesamtkunstwerk: Mit Gesamtkunstwerk ist gemeint, dass viele bildnerisch-künstlerische Disziplinen unter einer übergeordneten Idee miteinander verknüpft werden, um eine harmonische Einheit zu schaffen. Bezogen auf das Zeitalter des Barock heißt das, dass vor allem Architektur (einschließlich der Gartenkunst), Malerei und Plastik, aber auch Literatur, Musik und Mode in einem harmonischen Ganzen verbunden sind. Dabei spielen vor allem die Lichtführung, die oft die Einzelelemente theatralisch inszeniert, und die aufeinander abgestimmten (Pastell-)Farben eine große Rolle. Die üppige Verwendung von Blattgold unterstreicht durch die Lichtführung Glanz und Reflexe. In Vierzehnheiligen zieht sich das Blattgold wie ein „roter Faden" (Rahmen des Deckengemäldes, Details an den Figuren, Kapitele der Säulen, Sockelleisten der Säulen und Pfeiler) durch den gesamten Innenraum und verbindet die einzelnen Raumelemente so miteinander. Dank der großen Fensterflächen ist der Raum von Licht durchflutet und die einzelnen Raumelemente (z. B. Wandelaltar, Hochaltar) werden je nach Tageszeit durch Schattenwurf in Szene gesetzt. Dadurch wird auch die plastische Wirkung vor allem der Figuren unterstützt.

II. Kunstbetrachtung: Malerei des Barock / Fotorealismus

Hinweis: Hier kommt es darauf an, dass du nicht nur die einzelnen Teilkriterien aufzählst, sondern auch in ganzen Sätzen beschreibst, was genau gemeint ist.

1. a) Farbgebung

In Goyas Bild sticht sofort das leuchtende Rot der Kleidung ins Auge, weil es die einzige reine Farbe ist. Sie dominiert das Bild und unterstreicht das Bildzentrum. Im übrigen Bild herrschen gedämpfte Erdtöne (Braunabstufungen und Grüntöne) vor, die mit Weiß aufgehellt bzw. mit Schwarz abgedunkelt werden. Auch die anderen Bildgegenstände (Tiere und Käfig) sind dieser Farbgebung unterworfen und lassen den Hintergrund (Boden und Wand) fast monochrom erscheinen. Trotz dieser eingeschränkten Farbwahl ist das Bild sehr kontrastreich gestaltet. Im Bild finden sich neben einem starken Hell-Dunkel-Kontrast (z. B. Gesicht / Haare) auch ein Komplementärkontrast (z. B. rotes Gewand / grüner Käfig). Darüber hinaus lassen sich auch ein Intensitätskontrast (leuchtendes Rot / gedämpfte Erdtöne) sowie ein Kalt-Warm-Kontrast (warme Brauntöne im Boden / kalte Grauabstufungen der Wand) erkennen.

b) Stofflichkeit

Durch die genaue Pinselführung und den lasierenden Farbauftrag erzielt Goya eine sehr realistische Darstellung der unterschiedlichen Materialoberflächen. Der glänzende Stoff der Schärpe, die seidigen Haare, die matte Gesichtshaut, das weiche Fell der Katzen zeigen dies sehr eindrucksvoll.

c) Bedeutung des Lichts

Der Raum wird von einer Lichtquelle, die außerhalb der Bildfläche vorne links oben sein muss, aber nicht definierbar ist, nur punktuell angestrahlt. Der Schatten z. B. der Elster am Boden und die dunkle linke Bildhälfte lassen dies vermuten. Der Maler setzt die Lichtführung ein, um die Hauptfigur fast wie im Theater in Szene zu setzen, aber auch um den Raum zu strukturieren. Dadurch, dass fast abwechselnd eine dunkle auf eine helle Fläche folgt, entsteht eine Art Staffelung.

2. Vergleich der Bildinhalte

Hinweis: Bei dieser Aufgabenstellung bietet sich eine tabellarische Gegenüberstellung an. Eine Bearbeitung als Volltext ist aber genauso richtig.

	Goya: „Don Manuel ..."	Colville: „seilspringendes Kind"
Gemeinsam-keiten	Ein Kind befindet sich jeweils im Bildzentrum. Die Kinder sind die einzigen Menschen im Bild. Der Hintergrund ist farblich dezent gehalten und großflächig angelegt.	
Unterschiede	Das Kind trägt teure und auffällige Kleidung.	Das Kind trägt gewöhnliche Alltagskleidung.
	Abgebildet ist ein Junge, der einen mädchenhaften Haarschnitt trägt.	Hier wird ein Mädchen gezeigt, das aber einen burschikosen Jungenhaarschnitt hat.
	Die Hauptfigur wird frontal (en face) gezeigt und blickt den Betrachter neugierig an.	Das Kind ist im Profil dargestellt und hält die Augen geschlossen.
	Die Figur ist starr.	Das Kind ist in Bewegung dargestellt.
	Das Kind ist von Tieren umgeben (drei Katzen, eine angeleinte Elster, mehrere Vögel im Käfig).	Das Kind spielt allein in einer öden, offenen Stadtlandschaft (angeschnittenes Hochhaus, Betonplattenweg, öde Erdfelder, Strommasten und ein Hausgiebel im Hintergrund).
Unterschiede	Szene spielt im Innenraum.	Szene ist im Freien.
	Das Kind ist in den Raum eingebunden (Schattenwurf, es steht auf dem Boden).	Hier scheint das Kind schwerelos zu schweben; obwohl es von vorne angestrahlt wird, wirft es keinen Schatten.
	Der Bildtitel ist am unteren Bildrand zu erkennen.	

3. Beeinflussung von Wirkung und Aussage der beiden Bilder durch den umgebenden Raum – Stellungnahme

Hinweis: Hier ist es wichtig, dass du dich nur auf die Schlüsselbegriffe (Raum, Wirkung und Aussage) konzentrierst, weil du sonst Gefahr läufst, am Thema vorbei zu schreiben. Der Arbeitsauftrag „Nehmen Sie dazu Stellung." weist dich darauf hin, dass du einen Kommentar schreiben sollst, in dem du nicht nur Behauptungen aufreihst, sondern deine Aussagen über die Bedeutung des Raumes für die Bildwirkung und über die Bildaussage mit Beispielen aus den Abbildungen belegst.

a) Goya: „Don Manuel Osorio Manrique de Zuñiga"

Bei Goyas Bild ist der Raum ein Innenraum, der aber nicht perspektivisch, sondern nur durch die unterschiedlichen Farbabstufungen definiert wird (senkrechte dunkelgraue Fläche am rechten Bildrand stößt auf den braunen Boden). Der Raum wirkt nur durch die Tiere und die Hauptfigur lebendig, Die fast monochrome Farbgebung in Braun- und Grautönen von Boden und Wand geben dem Raum etwas Düsteres. Besonders die düstere, ins Schwarz abgedunkelte linke Seite des Bildes, in der keine Raumgrenzen mehr zu erkennen sind, und die Katzen mit ihrem starren Blick – bei einer sind nur die Augen aus dem Nichts zu erkennen – unterstützen diesen geheimnisvollen Eindruck. Das aber gehört zum Programm des Bildes. Der Raum ist untergeordnet, das Porträt des Fürstensohnes, seine herausgehobene Stellung stehen im Vordergrund.

b) Colville: „Seilspringendes Kind"

Colvilles Bild zeigt einen klar perspektivisch konstruierten Außenraum, der aber durch die gleichmäßige Ausleuchtung nüchtern und unwirklich wirkt, denn es gibt keinen Schatten. Durch die wenigen starren Bildgegenstände wirkt der Raum leblos, steril und abweisend. Dass der dargestellte Raum und das Kind sich farblich sehr ähneln, unterstützt diese Bildwirkung noch.

I. Kunstgeschichte
Malerei des Realismus / Impressionismus / der Wegbereiter der Moderne

Bei seiner ersten Präsentation in Paris im Jahre 1874 gab das Gemälde „Impression – soleil levant" von Claude Monet (1840–1926) Anlass zu spöttischen Äußerungen: Monet wurde als „Eindrückler = Impressionist" bezeichnet.

1. Die Kunstrichtung des Realismus ging dem Impressionismus unmittelbar voraus.
   Zeigen Sie die unterschiedlichen Absichten der Realisten und der Impressionisten auf.

2. Charakterisieren Sie das Neuartige an der Malerei des Impressionismus.
   Gehen Sie dabei ein auf:
   – die Behandlung von Licht und Farbe,
   – die Malweise,
   – die Bildinhalte und Motive.

3. Der Maler Paul Cézanne (1839–1906) war zunächst vom Impressionismus beeinflusst, wandte sich jedoch bald davon ab.
   Erläutern Sie, in welcher Hinsicht Cézanne den Impressionismus überwunden hat und als Wegbereiter der Moderne betrachtet wird.

II. Kunstbetrachtung
Bildvergleich: Malerei des Impressionismus – CD-Cover

Degas war bekannt als der Maler des Impressionismus, der häufig Ballett- und Kaffeehausszenen darstellte.
Ihnen liegt die Reproduktion des Bildes „Café-Sängerin mit Handschuh" (1878, Pastell mit Tempera auf Leinwand, 63 × 50,4 cm) von Edgar Degas (1834–1917) vor.

1. Analysieren Sie das Bild hinsichtlich
   a) Malweise,
   b) Farbgebung und
   c) Verwendung des Lichts.

Zusätzlich liegt Ihnen die Abbildung eines CD-Covers „The ladies sing jazz" vor.

2. Vergleichen Sie in Stichpunkten den Inhalt und den Aufbau der beiden Abbildungen.

3. Beschreiben Sie die Wirkung des CD-Covers. Begründen Sie Ihre Aussage, indem Sie auf den Inhalt und die Gestaltung eingehen.

Edgar Degas (1834 –1917), Café-Sängerin mit Handschuh (1878);
Courtesy of the Fogg Art Museum, Harvard University Art Museums, Bequest from the
Collection of Maurice Wertheim, Class of 1906, 1951.68; www.visipix.com

2006-11

the ladies sing jazz

featuring Sarah Vaughan Ella Fitzgerald
Billie Holiday Helen Humes Abbey Lincoln

CD-Cover eines Samplers von Jazz-Musikerinnen

Lösungsvorschlag

I. Kunstgeschichte:
Malerei des Realismus / Impressionismus / der Wegbereiter der Moderne

1. Unterschiedliche Absichten der Realisten und der Impressionisten

Hinweis: Der einleitende Satz über den Aufgaben führt in den Themenbereich Impressionismus/Realismus ein. Dass hier eine Bildvorlage vorgegeben wird, legt nahe, dass du dich bei deinen Antworten darauf beziehst – unbedingt notwendig ist das aber nicht. Beachte, dass du die Absichten der beiden Strömungen nicht nur aufzählst, sondern in ganzen Sätzen ausführst.

Absichten der Realisten: Die Realisten wandten sich von der damals gängigen Einstellung ab, Kunst solle nur schön sein. Ihre Bilder sollten nicht geschönt, sondern wahr sein und nur das abbilden, was objektiv wahrnehmbar ist. So wählten sie Alltägliches (z. B. Arbeiter bei ihrem Tagwerk, Szenen aus dem Industriemilieu), aber auch die „ungeschönte" Natur als Motiv und provozierten damit ihre Umgebung. Sie lehnten alles Heroenhafte ab und erhoben die sozial schlecht gestellten Menschen zum bildwürdigen Motiv.

Absichten der Impressionisten: Den Impressionisten war der Inhalt ihrer Bilder weniger wichtig als den Realisten. Ihnen kam es mehr auf den ersten Eindruck, das Aussehen des Augenblicks ihrer Motive an. Sie malten deshalb bevorzugt im Freien (Pleinair-Malerei) und studierten vor allem die Licht- und Schattenverhältnisse der darzustellenden Szene. Dazu fertigten sie Serien eines Motivs zu unterschiedlichen Tages- und Jahreszeiten an. Ihrem Streben kam die Entwicklung der Fotografie entgegen, die ihnen zum einen die Aufgaben des realistischen Abbildens abnahm, sodass sie Kunst um der Kunst willen (l'art pour l'art) schaffen konnten. Zum anderen konnten sie durch die Fotografie den Augenblick mit seinen speziellen Lichtverhältnissen festhalten.

2. Das Neuartige an der Malerei des Impressionismus

Hinweis: Der Arbeitsauftrag „Charakterisieren Sie …" verlangt, dass du auf typische Merkmale der Malerei des Impressionismus eingehst und deine Aussagen dazu mit konkreten Beispiele belegst. Die Aufgabenstellung weist dich auch darauf hin, welche Merkmale du genauer erläutern sollst (Behandlung von Licht und Farbe, Malweise, Bildinhalte und Motive). Beachte, dass mit der „Behandlung von Licht und Farbe" und der „Malweise" unterschiedliche Aspekte gemeint sind: Die Malweise bezieht sich eher auf den Farbauftrag, die Behandlung von Licht und Farbe eher auf die Farbgebung. Zudem kommt es darauf an, dass du nur beschreibst, was neuartig ist, was also nicht schon vorher so gemalt wurde.

a) Licht und Farbe

Neuartig an der Malerei der Impressionisten war, dass sie die Lokalfarben durch Erscheinungsfarben ersetzten. Damit spürten sie dem Licht und seinen farbigen Reflexen auf den Gegenständen nach. Sie erkannten, dass es innerhalb einer Farbfläche viele verschiedene Farben gibt und dass die Lichtverhältnisse und die Nachbarfarben die Farbigkeit eines Objekts bestimmen.

b) Malweise

Die Erkenntnisse aus dem Studium des Lichts bestimmen auch die Malweise. Die Farbflächen werden aus einzelnen, kommaartigen Pinselstrichen zusammengesetzt. Dabei werden die Farben rein aufgetragen, die Farbmischung entsteht erst auf der Leinwand, wenn sich die Farben beim Betrachten zu einer Farbfläche verbinden.

c) Bildinhalt und Motive

Die impressionistischen Maler bevorzugten in ihren Bildern als Motive vor allem Landschaften, Milieuszenen (Wirthausszenen, Tänzerinnen, Freizeitveranstaltungen) und Architekturdarstellungen. Dabei kam es ihnen besonders darauf an, besondere Lichtsituationen darzustellen, z. B. einen Weg, der von lichtem Blattwerk überrankt wird, zu unterschiedlichen Tageszeiten abzubilden.

3. Cézanne als Überwinder des Impressionismus und als Wegbereiter der Moderne

Hinweis: Bei dieser Aufgabe geht es um die Weiterentwicklung der impressionistischen Malerei durch Paul Cézannes. Du musst also beschreiben, welche impressionistischen Merkmale Cézanne aufgreift und wie er sie verändert. Abschließend äußerst du dich dazu, welche Kunstrichtung Cézanne dadurch entscheidend beeinflusst hat.

Cézanne führt die Ideen des Impressionismus weiter, indem er die abgestuften Pinselstriche als ordnende Elemente der Fläche einsetzt und die Form aus der Farbe heraus entwickelt. Das bedeutet, dass er die Form der Bildelemente nur durch das Aneinandersetzen farbiger Flächen aufbaut. Dabei vereinfacht er die einzelnen Bildgegenstände auf geometrische Grundformen (Kreis, Rechteck, Dreieck bzw. Kugel, Zylinder, Kegel, Quader) und setzt sie als Kompositionselemente ein. Seine Bilder haben einen klaren, konstruierten Bildaufbau. Bei der Darstellung des Raums löst sich Cézanne von der perspektivischen Tradition und zeigt einen Gegenstand gleichzeitig aus verschiedenen Ansichten. Er bereitet damit den Boden vor allem für die Kubisten.

II. Kunstbetrachtung:
Bildvergleich: Malerei des Impressionismus / modernes CD-Cover

Hinweis: Diese Aufgabe verlangt von dir, das Bild Degas' genau auf die vorgegebenen Bereiche hin zu untersuchen: Malweise, Farbgebung und Verwendung des Lichts. Du wirst aufgefordert, das Bild zu „analysieren". Das bedeutet, dass du in ganzen Sätzen antworten und Beispiele aus dem Bild anführen sollst.

1. Edgar Degas: „Café-Sängerin mit Handschuh"

a) Malweise

Das Bild ist flächig angelegt. Teilweise sieht man deutlich die Pinselführung (z. B. an Hals und Kinn, Unterarm). Der Farbauftrag ist spontan und lasierend (linker Bildrand) bis stark deckend (rechte obere Bildecke). Die Farben wurden zum Teil nach dem Auftrag wieder verwischt, gut zu sehen am Pelzkragen des Kleides. Damit verschwimmen auch die Konturen.

b) Farbgebung

Es werden kaum reine Farben verwendet. Die Farbe wird als Erscheinungsfarbe wiedergegeben, was besonders gut an den farbigen Schattierungen (rosa, blau) zu sehen ist. Das Gemälde ist bestimmt von starken Kontrasten: Neben einem Kalt-Warm-Kontrast (kaltes Rosa und dunkles Blau/warme Gelb- und Rotorangetöne) und einem Komplementärkontrast (rotorange/maigrün) findet sich auch ein Hell-Dunkel-Kontrast (helle Streifen und Lichtreflexe/schwarzer Handschuh)

c) Verwendung des Lichts

Das Bild stellt starke Licht- und Schattenverhältnisse dar. Die Sängerin wird von unten angestrahlt, erkennbar an der hellen Unterseite des Oberarmes, des Kinns und der Nasen. Dagegen liegen die Augen, das obere Kinn und das Dekolleté im Schatten. Weil der Raum um die Sängerin wenig strukturiert ist, wird die plastische Wirkung des Motivs gesteigert.

2. Vergleich von Inhalt und Aufbau beider Abbildungen

Hinweis: Die Aufgabenstellung verlangt einen stichpunktartigen Vergleich der beiden Abbildungen, du musst also keinen zusammenhängenden Text formulieren. Besonders übersichtlich wird eine solche Gegenüberstellung, wenn du sie in Form einer Tabelle anlegst. Eine Kompositionsskizze, die häufig bei dieser Art von Aufgaben gefordert wird, ist hier nicht vorgesehen.

	Degas: Café-Sängerin	CD-Cover
Inhalt	Frau vor bunt gestreifter Wand, bekleidet mit zartrosafarbenen Kleid mit tiefem Ausschnitt und Pelzbesatz an Kragen und Ärmel	Porträtausschnitt einer Frau, die in ein Mikrofon singt, Frau und Mikrofon sind stark angeschnitten
	Tiefenwirkung wird durch die schwarzblaue Fläche rechts oben erzielt: Andeutung eines dahinter liegenden dunklen Raumes	keine weitere Ausgestaltung des Hintergrunds
	Darstellung der Frau im Brustbild, rechter Arm zu einer theatralischen erhoben	Darstellung der Frau im 2/3-Profil, Betonung von Kinn, Mund und Nase
Aufbau	starke senkrechte Gliederung des Bildes durch die Blockstreifen im Hintergrund, Betonung der Bilddiagonalen von links unten nach rechts oben durch die Arm- und Kopfhaltung der Frau	starke Betonung der Diagonalen durch den Zwischenraum zwischen Frau und Mikrofon, waagrechte Textstreifen bilden dazu ein Gegengewicht

3. Wirkung des CD-Covers

Hinweis: Du sollst beschreiben, wie das CD-Cover auf einen Betrachter wirkt. Dabei kannst du dich auf die Bedeutung des Inhalts (der Bildelemente) und der Gestaltung (Bildaufbau, Farbgebung/Hell-Dunkel) beschränken. Weitere Aspekte musst du nicht zur Begründung heranziehen.

Das Bild wirkt ruhig und sinnlich. Der ruhig-harmonische Eindruck wird dadurch erreicht, dass sich das Bild zum einen auf den Kontrast von Hell und Dunkel reduzieren lässt und zum anderen im Bild nur weiche, runde Formen enthalten sind. Auch die geschlossenen Augen und die Nähe von Mund und Mikrofon (als Hinweis auf leise Musik) vermitteln den Eindruck von Ruhe. Die Darstellung der Frau erzielt aber auch eine sinnliche Bildwirkung. Die Betonung der Lippen und der leicht geöffnete Mund wirken schon fast erotisch.

I. Kunstgeschichte
Malerei des Kubismus

Der Kubismus bricht mit vielen Traditionen der Malerei und lässt den Betrachter neue Sehweisen entwickeln.

1. Pablo Picasso (1881–1973), Georges Braque (1882–1963) und Juan Gris (1887–1927) waren die Hauptvertreter des Kubismus. Sie wurden von bestimmten Vorbildern und Einflüssen des frühen 20. Jahrhunderts geprägt.
   Zeigen Sie diese auf.

2. Picasso malte 1907 das Bild „Les Demoiselles d'Avignon", das als wegbereitendes Gemälde der ersten Phase des Kubismus gesehen wird.
   Benennen Sie den ersten Entwicklungsabschnitt und erläutern Sie dessen Merkmale.

3. Diese erste Phase wurde bald von der zweiten kubistischen Phase abgelöst.
   Benennen Sie diese und zeigen Sie wesentliche Veränderungen auf, welche die zweite kubistische Phase prägten.

4. Beschreiben Sie, wie der Kubismus die moderne Kunst beeinflusst.

II. Kunstbetrachtung
Bildvergleich: Expressionismus / Kubismus

Seit der Barockzeit spielen Stilllebendarstellungen in fast allen Epochen eine wichtige Rolle.

1. Definieren Sie den Begriff „Stillleben".

Ihnen liegen die Reproduktionen zweier Bilder vor, die Stillleben zeigen:
Expressionismus: Karl Schmidt-Rottluff (1884–1976): „Zwischen Sanseverie und Krug" (1956, Öl auf Leinwand, 77 × 102 cm)
Kubismus: Juan Gris (1887–1927): „Der Kaffeesack" (1920, Öl auf Leinwand, 92 × 73 cm)

2. Vergleichen Sie beide Abbildungen hinsichtlich:
   a) Farbe,
   b) Plastizität,
   c) Raum.

Auch im 20. Jahrhundert beschäftigten sich Künstler immer wieder mit dem Thema Stillleben. Ihnen liegen die Abbildungen von vier Beispielen vor:
– Meret Oppenheim (1913–1985): „Pelztasse" (1936, pelzbesetztes Frühstücksgeschirr)
– Daniel Spoerri (geb. 1930): „Kichkas Frühstück I" (1960, Assemblage)
– Roy Lichtenstein (1923–1997): „Crystal Bowl" (1973, Öl auf Leinwand)
– Andy Warhol (1928–1987): „100 Campbell's Soup Cans" (1962, Öl auf Leinwand)

3. Zeigen Sie an <u>zwei</u> Beispielen auf, wie sich moderne Künstler mit diesem Thema auseinandersetzten.

Karl Schmidt-Rottluff (1884–1976), Zwischen Sanseverie und Krug (1956);
Karl und Emy Schmidt-Rottluff Stiftung, Brücke Museum Berlin;
© VG Bild-Kunst, Bonn 2006

Meret Oppenheim (1913–1985), Pelztasse
(1936); Museum of Modern Art, New York;
© VG Bild-Kunst, Bonn 2006

Daniel Spoerri (*1930), Kichkas Frühstück I
(1960); Museum of Modern Art, New York;
© VG Bild-Kunst, Bonn 2006

Roy Lichtenstein (1923–1997),
Crystal Bowl (1973);
Whitney Museum of American Art.
© VG Bild-Kunst, Bonn 2006

Die Bilder „Der Kaffeesack" von Juan Gris und „100 Campbell's Soup Cans" von Andy Warhol können hier aus Kostengründen leider nicht abgedruckt werden.

Du findest sie beispielsweise im Internet unter:
http://www.kunstmuseumbasel.ch/galleryDetail/20-jahrhundert/gris-juan/06/show.html („Der Kaffeesack") und
http://www.albrightknox.org/ArtStart/lWarhol.html („100 Campbell's Soup Cans").
Sicher ist dir auch dein/e Kunstlehrer/in bei der Recherche behilflich.

Lösungsvorschlag

I. Kunstgeschichte: Malerei des Kubismus

1. Pablo Picasso, Georges Braques und Juan Gris – Vorbilder und Einflüsse des frühen 20. Jahrhunderts

Hinweis: Die Formulierung „Zeigen sie auf" verlangt eine Beantwortung in ganzen Sätzen. Die Aufgabenstellung bleibt mit der Formulierung „… von bestimmten Vorbildern und Einflüssen …" sehr allgemein. Gemeint sind bei den Vorbildern Künstler und Kunstformen, mit Einflüssen eher historische und gesellschaftliche Ereignisse.

Die Malerei des Kubismus wurde vor allem durch die Kunst (z. B. Masken und Plastiken) der Naturvölker („der Primitiven") aus Afrika und Ozeanien geprägt, die im Zuge des Kolonialismus mit anderen Waren nach Europa kam. Die Maler waren beeindruckt von den auf das Wesentliche reduzierten Formen und der ausdrucksstarken Mimik. Ein weiteres Vorbild für die Kubisten war das späte Werk Cézannes. Cézanne begann aus dem Impressionismus heraus die Bildgegenstände auf geometrische Grundformen (Kreis, Rechteck, Dreieck bzw. Kugel, Zylinder, Kegel, Quader) zu vereinfachen und einen Gegenstand aus mehreren Ansichten gleichzeitig zu zeigen. Darüber hinaus beeinflussten aber auch das gesellschaftliche Umfeld (z. B. expandierende Industrialisierung und Technisierung) und als wichtiges historisches Ereignis der Erste Weltkrieg mit seinen Folgen die Künstler.

2. Erste Phase des Kubismus – Begriff und Einordnung

Hinweis: Es wird von dir verlangt, dass du nur den Fachbegriff für die erste Phase des Kubismus nennst und ihre typischen Merkmalen anhand von treffenden Beispielen darlegst. Eine zeitliche Einordnung ist zwar nicht unbedingt nötig, aber sinnvoll.

Erste Entwicklungsphase: analytischer Kubismus (1907–1912)
Der Begriff Analyse bedeutet Zerlegung. Bezogen auf die Malerei des Kubismus heißt dies, dass die Bildgegenstände zu geometrischen (meist prismatischen) oder stereometrischen Grundformen zerlegt werden. Durch die neu gewonnenen Formen wird die Bildfläche neu und oft rhythmisch zusammengesetzt. Dabei werden Bildgegenstand und Hintergrund oft zu einer Einheit verwoben, sodass die räumliche Wirkung aufgehoben wird. Ein weiteres Gestaltungsmerkmal des analytischen Kubismus ist die Multiperspektive, bei der ein Gegenstand gleichzeitig in verschiedenen Ansichten gezeigt wird. Auch die Farbgebung ist ein typisches Gestaltungsmerkmal, denn die Farbe wird stark reduziert auf ein Spektrum von Erdtönen (Ocker, Siena), Grau- und Blautönen. Sie tritt damit als bildnerisches Mittel zugunsten der Form in den Hintergrund.

3. Zweite Phase des Kubismus – Begriff und wesentliche Veränderungen

Hinweis: Auch bei dieser Aufgabe sollst du zunächst nur den entsprechenden Fachbegriff für die zweite Phase des Kubismus anführen. Bei der Beschreibung der typischen Merkmale kommt es aber hier darauf an, dass du vor allem auf die Veränderungen im Vergleich zur ersten Phase eingehst. Eine zeitliche Einordnung ist wiederum nicht unbedingt verlangt, erscheint aber sinnvoll.

Zweite Entwicklungsphase: synthetischer Kubismus (ab 1912)
Synthese bedeutet Zusammenfügung/Zusammensetzung. Es wird also der umgekehrte Weg beschritten: die Bildgegenstände werden nicht mehr zerlegt, sondern zusammengefügt. Die Räumlichkeit wird hier völlig aufgegeben, die Bildgegenstände bis zur Abstraktion vereinfacht. Dadurch erzielen die Maler dieser Strömung einen Verfremdungseffekt. Neu verglichen mit der ersten Phase des Kubismus ist, dass reales, flächiges Material (z. B. Zeitungen, Stoff, Tapetenmuster) collagenartig in die Bildfläche eingebaut werden. Die Farbe gewinnt wieder an Bedeutung.

4. Einfluss des Kubismus auf die moderne Kunst

Hinweis: Entscheidend ist, dass du nicht nochmals alle Gestaltungsmerkmale des Kubismus aufzählst, sondern anhand von Beispielen zeigst, worin sich der Einfluss des Kubismus auf die moderne Kunst zeigt.

Der Kubismus hat den nachfolgenden Kunstströmungen viele neue Möglichkeiten eröffnet und sie dadurch beeinflusst. Flächen, Linien, Schriftzeichen oder auch das Material an sich werden nun als freie bildnerische Mittel verwendet. Durch die konsequente Reduzierung der Bildgegenstände auf markante, einfache Formen wurde der Weg für die abstrakte Malerei frei gemacht. Gegenstände werden nun aus ihrem gewohnten Sinnzusammenhang gerissen und in einen neuen gebracht. Farbe und Form sind seit dem Kubismus nicht mehr voneinander abhängig.

II. Kunstbetrachtung: Bildvergleich: Expressionismus/Kubismus

1. Definition von „Stillleben"

Hinweis: Um diesen Begriff zu definieren, musst du allgemein in wenigen Worten erklären, was man unter einem Stillleben versteht. Eine ausführliche Abhandlung über die unterschiedliche Bedeutung in den einzelnen kunstgeschichtlichen Richtungen sollst du hier nicht verfassen.

Unter einem Stillleben versteht man zunächst nur die bewusst gewollte, künstliche Anordnung/Inszenierung leb- oder regungsloser Gegenstände (z. B. Pflanzen, Lebensmittel, Haushaltsgegenstände) zu einem harmonischen Arrangement. Meist ist aber die bildnerische Darstellung dieses Arrangements gemeint.

2. Vergleich der beiden Gemälde

Hinweis: Die Aufgabenstellung verlangt einen stichpunktartigen Vergleich der beiden Abbildungen, du musst also keinen zusammenhängenden Text formulieren. Besonders übersichtlich wird eine solche Gegenüberstellung, wenn du sie in Form einer Tabelle anlegst. Eine Kompositionsskizze, die häufig bei dieser Art von Aufgaben gefordert wird, ist hier nicht vorgesehen.

	Schmidt-Rottluff: „Zwischen Sanseverie und Krug"	Gris: „Der Kaffeesack"
Farbe	Grundfarben mit Grün und Beige erweitert, Abtönung mit Weiß	Grün-, Braun- und Grautöne mit Schwarz und getrübtem Weiß
	kräftige, leuchtende Farben	fast monochrome Farbigkeit
	Steigerung der Leuchtkraft durch schwarze Konturen	Farben wirken matt und stumpf
	Farbe als Ausdrucksfarbe	Farbe als Mittel des Ausdrucks unwichtig, die Form wird betont
	starke Kontraste: • Warm-Kalt-Kontrast (blauer Krug/orange-roter Korb) • Komplementärkontrast (orange-roter Blumentopf/grüne Pflanze) • Hell-Dunkel-Kontrast (helle Tischdecke/dunkelroter bzw. dunkelblauer Hintergrund)	starker Hell-Dunkel-Kontrast (weißes Schriftstück/schwarze Flasche) abgeschwächter Komplementärkontrast (rotbraune Tischkante/grüner Hintergrund)
Plasti-zität	Die einzelnen Gegenstände werden kaum plastisch herausgearbeitet. Die plastische Modellierung der Gegenstände ist nur noch angedeutet (Korbinnenseite, gelbe Früchte).	Die Gegenstände sind nur noch flächig bzw. umrisshaft dargestellt. Lediglich in den Formlinien der Gläser und des Kaffeesacks erkennt man noch eine Andeutung der ursprünglichen Plastizität.
Raum	Die Räumlichkeit wird weitgehend aufgehoben und nur noch durch wenige Überschneidungen (Frucht/Blatt/Korb, Krug/Korb) hergestellt.	Der Raum wird nur durch die diagonale Tischplatte, den Stuhl und wenige Überschneidungen (Glasschale/Flasche/Papier, Weintrauben/Blatt) angedeutet.
	Durch die dominanten Farben, die die Farbperspektive zum Teil umkehren (warmer roter Hintergrund/kalte Bildgegenstände im Vordergrund), wird die Räumlichkeit reduziert.	Die Farben sind als Flächen über das ganze Bild verteilt und lassen keine räumliche Zuordnung zu.
	Teilweise werden die Gegenstände aus mehreren Ansichten gleichzeitig gezeigt (Krugöffnung von oben, Gefäßwand im Profil).	Multiperspektive bei den Bildgegenständen (z. B. Fortsetzung der Flaschenkontur in der Glasschale)

3. Auseinandersetzung von modernen Künstlern mit dem Thema Stillleben

Hinweis: Bei dieser Aufgaben musst du beispielhaft erläutern, wie das Thema „Stillleben" in der modernen Kunst umgesetzt wurde. Es genügt, wenn du zwei Beispiele zur Erläuterung heranziehst. Der Vollständigkeit halber werden im folgenden Lösungsvorschlag alle vier Beispiele bearbeitet. Achte darauf, dass du nicht nur den Bildinhalt beschreibst, sondern vor allem auf die unterschiedliche Umsetzung des Themas (z. B. als Objekt bzw. Assemblage) eingehst.

Meret Oppenheimer: „Pelztasse"

Alltagsgegenstände (Tasse mit Untertasse, Löffel) werden in einem konträren, fremdartigen Material dargestellt. Der Kontrast von hartem, glatten Originalmaterial (Porzellan, Metall) und dem weichen, haarigen Material des Kunstwerks beraubt die Gegenstände ihrer Funktion und stellt sie in einen neuen Zusammenhang. Der Betrachter soll durch diese Verfremdung die leblosen Gegenstände als lebendig bzw. tierähnlich empfinden.

Daniel Spoerri: „Kichkas Frühstück I"

Der Künstler arrangiert reale Gegenstände zu einem Stillleben. Dabei kommt es ihm aber weniger auf die bewusste Anordnung an, sondern eher auf die Darstellung einer schnappschussartigen Momentaufnahme. Er verwendet Überreste einer Mahlzeit (z. B. sind die leeren Schalen der Frühstückseier noch in den Eierbechern) und stilisiert dadurch eine alltägliche Situation zum Kunstobjekt.

Roy Lichtenstein: „Chrystal Bowl"

Lichtenstein stellt Gegenstände und Anordnung (Obst und Schale) eher traditionell dar. Er verwendet nur noch reine und klare Farbflächen. Um eine plakative, leuchtende Wirkung zu erzielen, nutzt er die bildnerischen Mittel der Comics (z. B. schematischer Streifenhintergrund, starke schwarze Konturen der Früchte).

Andy Warhol: „100 Campbells Soup Cans"

Durch die serielle, strenge grafische Darstellung immer desselben Alltagsgegenstands erhebt der Künstler ein Massenprodukt zum Kunstwerk und rückt es damit in einen neuen Zusammenhang. Ihm kommt es wohl darauf an, durch diese Anordnung dem Betrachter aufzuzeigen, dass auch Massenprodukte gestaltet sind und ihre Umgebung beeinflussen.

Edvard Munch, Das kranke Kind (1885/86)

Jacques Louis David, Bonaparte überquert den Großen St. Bernhard (1799)

Pieter Claesz, Stillleben mit Glaskugel (1625)

F 2002-18

Georges Braque, Stillleben mit Krug und Violine (1909/1910)

F 2002-19

Claude Monet, Die Kathedrale von Rouen im lichten Nebel (1894)

Claude Monet, Die Kathedrale von Rouen bei vollem Sonnenlicht (1894)

Paul Cézanne, Die großen Badenden (1900–1905)

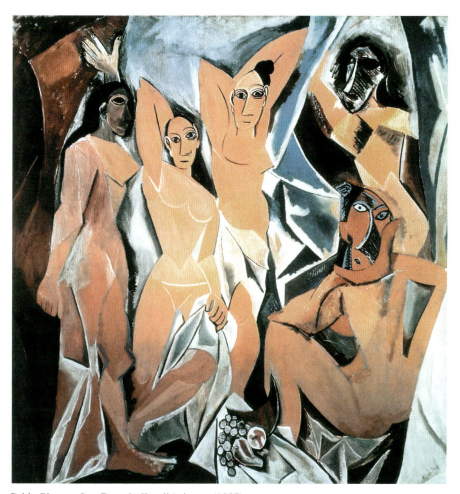

Pablo Picasso, Les Demoiselles d'Avignon (1907)

Vincent van Gogh, Sämann bei untergehender Sonne (1888)

F 2004-2

Oskar Martin-Amorbach, Der Sämann (1937)

F 2004-3

Alexej von Jawlensky, Die Spanierin (1913)

F 2004-9

Jean-Baptiste Camille Corot, Sinnendes Mädchen (1860)

Karl Schmidt-Rottluff, Bildnis Rosa Schapire (1911)

Raffael (Raffaello Santi), Madonna Tempi (1507)

F 2005-2

Karl Schmidt-Rottluff, Pommersche Moorlandschaft (1931)

Caspar David Friedrich, Der einsame Baum (1822)

Marc Chagall, Spaziergang (1917/1918)

Pablo Picasso, Das karge Mahl (1904)

Balthasar Neumann, Wallfahrtskirche Vierzehnheiligen (1743–1772), Innenansicht

Francisco de Goya y Lucientes, Don Manuel Osorio Manrique de Zuñiga (um 1788)

F 2006-4

Alex Colville, Seilspringendes Kind (1958)

Edgar Degas, Café-Sängerin mit Handschuh (1878)

Karl Schmidt-Rottluff, Zwischen Sanseverie und Krug (1956)

F 2006-17

Meret Oppenheim, Pelztasse (1936)

Daniel Spoerri, Kichkas Frühstück I (1960)

Roy Lichtenstein, Crystal Bowl (1973)

F 2006-18

Ihre Meinung ist uns wichtig!

Ihre Anregungen sind uns immer willkommen. Bitte informieren Sie uns mit diesem Schein über Ihre Verbesserungsvorschläge!

Titel-Nr.	Seite	Vorschlag

Die echten Hilfen zum Lernen... **STARK**

16-V29

Bitte ausfüllen und im frankierten Umschlag
an uns einsenden. Für Fensterkuverts geeignet.

Zutreffendes bitte ankreuzen!

Die Absenderin/der Absender ist:

☐ Lehrer/in in den Klassenstufen: _____

☐ Fachbetreuer/in
  Fächer: _____

☐ Seminarlehrer/in
  Fächer: _____

☐ Regierungsfachberater/in
  Fächer: _____

☐ Oberstufenbetreuer/in

☐ Schulleiter/in

☐ Referendar/in, Termin 2. Staatsexamen: _____

☐ Leiter/in Lehrerbibliothek

☐ Leiter/in Schülerbibliothek

☐ Sekretariat

☐ Elternteil

☐ Schüler/in, Klasse: _____

☐ Sonstiges: _____

Unterrichtsfächer: (Bei Lehrkräften!)

_____

STARK Verlag
Postfach 1852
85318 Freising

Kennen Sie Ihre Kundennummer?
Bitte hier eintragen.

Absender (Bitte in Druckbuchstaben!)

Name/Vorname

Straße/Nr.

PLZ/Ort

Telefon privat   Geburtsjahr

E-Mail-Adresse

Schule/Schulstempel (Bitte immer angeben!)

Sicher durch alle Klassen!

Faktenwissen und praxisgerechte Übungen mit vollständigen Lösungen.

Mathematik

Mathematik Grundwissen 5. Klasse .... Best.-Nr. 91410
Mathematik Grundwissen 6. Klasse .... Best.-Nr. 914056
Mathematik Grundwissen 7. Klasse .... Best.-Nr. 914057
Mathematik 8. Klasse .... Best.-Nr. 91406
Funktionen 8.–10. Klasse .... Best.-Nr. 91408
Übungsaufgaben Mathematik I
9. Klasse – Realschule Bayern .... Best.-Nr. 91405
Übungsaufgaben Mathematik II/III
9. Klasse – Realschule Bayern .... Best.-Nr. 91415
Mathematik Grundwissen
10. Klasse II/III .... Best.-Nr. 91417
Lineare Gleichungssysteme .... Best.-Nr. 900122
Bruchzahlen und Dezimalbrüche .... Best.-Nr. 900061
Kompakt-Wissen Realschule Mathematik ...... Best.-Nr. 914001
Übertritt in weiterführende Schulen .... Best.-Nr. 90002

Mathematik BMT

Bayerischer Mathematik-Test (BMT)
6. Klasse – Realschule Bayern .... Best.-Nr. 915061

Betriebswirtschaftslehre/ Rechnungswesen

Betriebswirtschaftslehre/Rechnungswesen
Grundwissen 8. Klasse Bayern .... Best.-Nr. 91473
Lösungsheft zu Best.-Nr. 91473 .... Best.-Nr. 91473L
Betriebswirtschaftslehre/Rechnungswesen
Grundwissen 9. Klasse Bayern .... Best.-Nr. 91471
Lösungsheft zu Best.-Nr. 91471 .... Best.-Nr. 91471L
Betriebswirtschaftslehre/Rechnungswesen
Grundwissen 10. Klasse Bayern .... Best.-Nr. 91472
Lösungsheft zu Best.-Nr. 91472 .... Best.-Nr. 91472L

Englisch

Englisch Grundwissen 5. Klasse .... Best.-Nr. 50505
Englisch Grundwissen 6. Klasse .... Best.-Nr. 50506
Englisch Grundwissen 7. Klasse .... Best.-Nr. 90507
Englisch Grundwissen 8. Klasse .... Best.-Nr. 90508
Englisch Grundwissen 9. Klasse .... Best.-Nr. 90509
Englisch Grundwissen 10. Klasse .... Best.-Nr. 90510
Textproduktion 9./10. Klasse .... Best.-Nr. 90541
Englische Rechtschreibung 9./10. Klasse .... Best.-Nr. 80453
Translation Practice 1 / ab 9. Klasse .... Best.-Nr. 80451
Comprehension 2 / 9. Klasse .... Best.-Nr. 91452
Englisch – Hörverstehen 10. Klasse mit CD ..... Best.-Nr. 91457
Englisch – Leseverstehen 10. Klasse .... Best.-Nr. 90521
Translation Practice 2 / ab 10. Klasse .... Best.-Nr. 80452
Comprehension 3 / 10. Klasse .... Best.-Nr. 91454
Systematische Vokabelsammlung .... Best.-Nr. 91455
Kompakt-Wissen Realschule
Englisch – Themenwortschatz .... Best.-Nr. 914501

Deutsch

Deutsch Grundwissen 5. Klasse .... Best.-Nr. 91445
Deutsch Grundwissen 6. Klasse .... Best.-Nr. 91446
Rechtschreibung und Diktat 5./6. Klasse .... Best.-Nr. 90408
Nach den neuen Regeln, gültig ab 01.08.06.
Grammatik und Stil 7./8. Klasse .... Best.-Nr. 90407
Aufsatz 7./8. Klasse .... Best.-Nr. 91442
Erörterung und Textgebundener Aufsatz
9./10. Klasse .... Best.-Nr. 91441
Deutsch 9./10. Klasse Journalistische Texte
lesen, auswerten, schreiben .... Best.-Nr. 81442
Deutsche Rechtschreibung 5.–10. Klasse ...... Best.-Nr. 90402
Nach den neuen Regeln, gültig ab 01.08.06.
Text-Kompendien zum Kompetenzbereich
„Verstehen und Nutzen von Texten"
„Der olympische Gedanke –
und die Welt des Sports" .... Best.-Nr. 81443
„Demokratie leben heißt sich verantwortlich
fühlen und sich einmischen" .... Best.-Nr. 81444
„Jugendliche als Konsumenten zwischen
Beeinflussung und Selbstbestimmung" .... Best.-Nr. 81445
Kompakt-Wissen Realschule
Deutsch Aufsatz .... Best.-Nr. 914401
Kompakt-Wissen Rechtschreibung .... Best.-Nr. 944065
Nach den neuen Regeln, gültig ab 01.08.06.
Übertritt in weiterführende Schulen mit CD .... Best.-Nr. 994402
Lexikon zur Kinder- und Jugendliteratur .... Best.-Nr. 93443

Deutsch Jahrgangsstufentest

Deutsch Jahrgangsstufentest
6. Klasse – Realschule Bayern .... Best.-Nr. 915461
Deutsch Jahrgangsstufentest
8. Klasse – Realschule Bayern .... Best.-Nr. 915481

Französisch

Französisch – Sprechsituationen und
Dolmetschen mit 2 CDs .... Best.-Nr. 91461
Rechtschreibung und Diktat
1./2. Lernjahr mit 2 CDs .... Best.-Nr. 905501
Wortschatzübung Mittelstufe .... Best.-Nr. 94510

Geschichte

Kompakt-Wissen Realschule
Geschichte .... Best.-Nr. 914801

Ratgeber für Schüler

Richtig Lernen
Tipps und Lernstrategien 5./6. Klasse .... Best.-Nr. 10481
Richtig Lernen
Tipps und Lernstrategien 7. – 10. Klasse .... Best.-Nr. 10482

(Bitte blättern Sie um)